中国地方文化研究资料系列丛书

石刻遗韵

——合江宋墓石刻研究

合江县汉宋画像石棺历史文化普及基地
合 江 县 社 会 科 学 界 联 合 会　策划
合 江 县 汉 代 画 像 石 棺 博 物 馆

贾雪枫　主编

西南交通大学出版社
·成　都·

图书在版编目（ＣＩＰ）数据

石刻遗韵：合江宋墓石刻研究 / 贾雪枫主编. —
成都：西南交通大学出版社，2018.9
（中国地方文化研究资料系列丛书）
ISBN 978-7-5643-6407-6

Ⅰ. ①石… Ⅱ. ①贾… Ⅲ. ①宋墓－石刻－研究－合江县－南宋 Ⅳ. ①K877.404

中国版本图书馆 CIP 数据核字（2018）第 207385 号

中国地方文化研究资料系列丛书

Shike Yiyun
石刻遗韵
Hejiang Songmu Shike Yanjiu
——合江宋墓石刻研究

贾雪枫　主编

责 任 编 辑	梁　红
助 理 编 辑	罗俊亮
封 面 设 计	原谋书装
	西南交通大学出版社
出 版 发 行	（四川省成都市二环路北一段 111 号 西南交通大学创新大厦 21 楼）
发行部电话	028-87600564　028-87600533
邮 政 编 码	610031
网　　　址	http://www.xnjdcbs.com
印　　　刷	四川煤田地质制图印刷厂
成 品 尺 寸	170 mm × 230 mm
印　　　张	11.25　　插页：4
字　　　数	158 千
版　　　次	2018 年 9 月第 1 版
印　　　次	2018 年 9 月第 1 次
书　　　号	ISBN 978-7-5643-6407-6
定　　　价	69.00 元

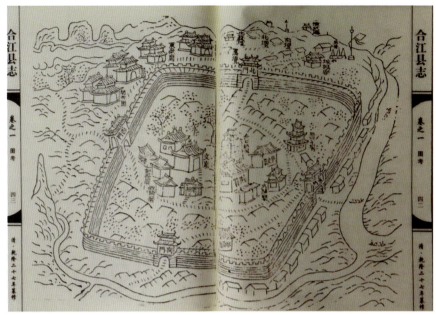

清·乾隆版《合江县志》合江城池图

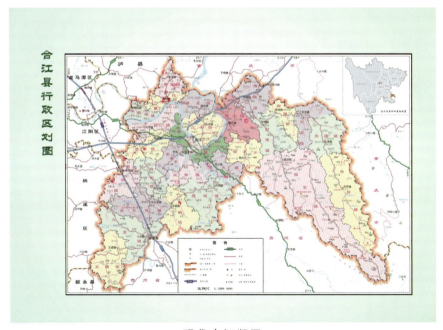

现代合江版图

合江县城全景

长江、赤水河、高动河三江交汇处（合江县摄影家协会提供）

合江汉画像石馆博物馆外景

合江汉画像石馆博物馆内景（李绪成摄）

合江汉画像石馆博物馆宋墓石刻展厅内景（李绪成摄）

合江汉画像石馆博物馆宋墓石刻展厅内景（李绪成摄）

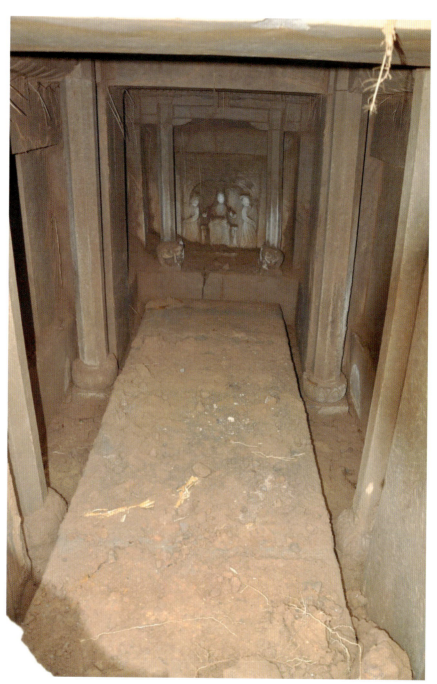

合江榕右乡永安村 14 社泡桐湾宋墓内景（张采秀摄）

合江榕右乡永安村 14 社泡桐湾宋墓内景（张采秀摄）

合江汉画像石馆博物馆馆藏宋棺青龙石刻拓片

合江汉画像石馆博物馆馆藏宋棺白虎石刻拓片

合江汉画像石馆博物馆馆藏宋棺朱雀石刻拓片

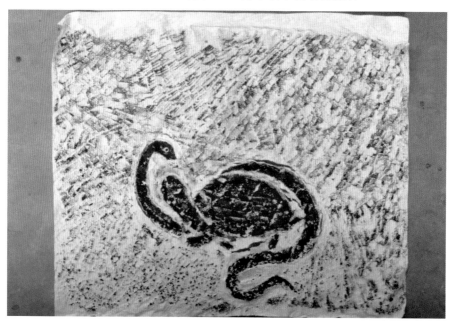

合江汉画像石馆博物馆馆藏宋棺玄武石刻拓片

本书编委会

顾　　问：吴代彬　张　帆

主　　任：段振有　赵　刚

编　　委：吴鹏权　熊振秋　张　波

　　　　　贾雨田　张采秀　杨　飞

　　　　　李　菊　唐绍春

执　　笔：贾雪枫

资 料 组：王庭福　敖　敏

校　　对：吴鹏权

前　言

　　合江之为县，远可追溯至西汉武帝时代。在两千多年的历史岁月中，潮起潮落，先人在这片美丽的土地上辛勤耕耘，生生不息，留存了数量众多的遗迹，更涌现出了无数的仁人志士。

　　根据文献记载和考古发现，古代合江，有两个文化发展高峰期，即两汉和两宋。在文物普查中，合江田野调查发现的古墓大多是汉墓、宋墓，经清理发掘的墓葬文物以出土于汉墓、宋墓居多，目前合江唯一的博物馆——合江汉棺博物馆的馆藏文物，也以这两个时期的文物为主。出现这种状况的原因在于西南地区特殊的历史发展。

　　我国的大西南自古以来就是多民族聚居之地，中华文化多元一体的特征在西南地区的表现尤为突出。在历史发展中，文明的影响出现两种趋势：一方面随着民族的迁徙，各民族习俗文化相互影响，并依其力量的强弱或兴盛或衰退；一方面华夏（汉）文化或中原文化以其先进性大力辐射周边，不断强化和扩大华夏文明范围，并逐步将边缘地带纳入华夏文化圈。这两方面的趋势随着历史发展而不断推进，合江地区汉宋时代的文化兴盛非常典型地反映了这个特点。

　　古代中国是文明国家，区分"中国"与"夷狄"的标志是礼仪而非种族，韩愈曾云："孔子之作《春秋》也，诸侯用夷礼则夷之，夷而进于中国则中国之。"合江所在的川滇黔渝结合部地区，向来是汉族和少数民族文化互为影响的地区。先秦时期巴蜀被视为南夷，所以《汉书》称"巴、蜀、广汉本南夷"，合江属巴，"县故巴夷之地也。"秦灭巴蜀以后，历经几代开发，巴蜀成为华夏之地，其南的今贵州、云南、广西一带的夜郎、靡莫、滇等"皆巴蜀西南外蛮夷也"。地处巴蜀与夜郎相接的合江也在秦汉之际由蛮夷之地进入"内华夏"的范畴。汉初分蜀郡置广汉郡，武帝时又分置犍为郡，合称"三蜀"。西汉后期，犍为汉化程度已至"士多仁孝，女性贞专"，"三蜀"之地在两汉时期已然成为文明礼仪之邦，北魏郦道元《水经注·江水》："益州，旧以蜀郡、广汉、犍为为三蜀，土地沃美，人士儁义，一州称望。"合江为犍为郡属县，两汉时期合江地区文化的发达已为20世纪80年代以来不断发现的汉代墓葬所证实。

东汉王朝倾覆后，中国进入了三国魏晋南北朝360多年的分裂对峙时期。这一时期，随着中央政府对地方控制力的削弱，加之连绵不断的战乱，使巴蜀地区人口锐减，西南地区少数民族纷纷内迁，出现历史上大规模的所谓"獠人入蜀"。入蜀的"獠人"漫布巴蜀大地，他们的社会经济文化发展水平远远低于巴蜀原住民，这样在长达数个世纪的时间里，巴蜀文化突然陷入低潮，直至隋唐的统一促进民族融合的完成。到两宋时期，较高水平的汉文化在民族融合完成的基础上使西南地区的文教事业重新兴盛，合江的文化发展水平在毗邻地区居于前列，大量出土的宋代墓葬文物无声地向我们述说八九百年前的往事。

稽古不是为了怀旧，而是在考察古代事迹的基础上，明辨道理是非，总结知识经验，从而于今有益，为今所用。在习近平新时代中国特色社会主义思想指导下，中国特色社会主义建设进入了一个新时期，道路自信、理论自信、制度自信、文化自信，是我们能够迈向胜利彼岸的思想保证。文化自信是道路自信、理论自信和制度自信的基础，它植根于广大民众之中，自信的力量来源于深厚的历史文化传统，我们民族数千年来一直坚守在祖先的领地上，我们的文化数千年来一直生生不息没有中断，这就是我们面对纷繁复杂的万千变化和前行过程中未卜的艰难险阻而充满必胜信念的力量源泉。

恩格斯曾说过"历史就是我们的一切"，毛泽东也教导我们"我们看历史，就会看到前途"。今天中华民族的伟大复兴即将到来，经济建设取得的宏伟成就必然要体现在文化建设上，文化建设需植根于既有历史传统，在传承中发展。

合江拥有的悠久历史，使合江的历史文化遗存十分丰富，口耳相传的民间文学、民间艺术五彩斑斓，地上文物和地下文物俯拾皆是。这是我们开展文化建设取之不尽，用之不竭的宝藏。合江县汉宋画像石棺历史文化普及基地、合江县社会科学联合会、合江县汉代画像石棺博物馆充分利用合江县丰富的汉宋文物，组织力量立项开展研究，探讨文物蕴含的社会历史文化价值，这是合江县文化建设的积极举措。

历史就是我们的一切。昨天的现实就是今天的历史，今天的现实就是明天的历史，开展对汉宋时期合江历史的研究，就是要明白今天的合江是怎样从昨天走过来的，从这个意义上说，深入研究汉宋时代的合江，对合江地方特色文化的保护、传承、发展、创新，都具有极其重要的时代意义，值得每一个有志于此的同侪花大力气去深研细磨。

段振有
二〇一八年四月

 ‖ 目　录

绪　言

13世纪的中国处于一个由并立政权向全国统一的长期战争时期。1218年，蒙古灭西辽，1228年，蒙古灭西夏，1234年，蒙古联合南宋灭金。金灭亡后，蒙古大汗蒙哥趁势发动讨宋之役。"先皇帝肇开大业，垂四十年。今中原、西夏、高丽、回鹘诸国皆已臣附，惟东南一隅，尚阻声教。朕欲躬行天讨。"①宋蒙战争（1271年以后称宋元战争）揭开帷幕。从1235年起，宋蒙（元）战争，经历了1235年—1241年、1253年—1259年、1267年—1279年三阶段。

宋蒙对峙，长江天堑难以飞跃，从蒙军方面看，必须先取四川，顺流东下方可一举灭宋。四川成为蒙宋必争之地。

公元1241年（南宋淳祐元年）蒙军大举进攻西川，夺取成都，战况紧急。1242年，宋理宗派遣在两淮抗蒙战争中战绩颇著的余玠入蜀主政，出任四川安抚制置使兼知重庆府，主持全川防务，巩固上流。余玠在四川采取了一系列政治、经济和军事措施，其中最重要的是采取以"依山为垒，设险守蜀"的战略，创建山城防御体系。即在四川的主要江河沿岸及交通要道上，选择险峻的山隘筑城结寨，互为声援，构成一完整的战略防御体系。

在余玠主持设计下，四川兴起了筑城热潮，各地修建了大量的方山城堡。这些城堡遥相呼应，互为掎角，有效防御了蒙古军队的入侵，坚持时间长达四十余年，成为一个奇迹。四川累计修筑有83座山城，主要有：巫山天赐城，奉节白帝城，云阳盘石城，万州天生城，忠县皇华城，开县吴胜堡，梁平赤牛城，涪陵龟陵城，渝北

---

① 《续通鉴·理宗端平元年》。

多功城，重庆城，合江石盘寨、安乐城、榕山城，泸州神臂城，宜宾登高山城，南川龙崖城，兴文凌霄城，通江得汉城，巴中平梁城、小宁城，达州蟠龙城，渠县礼义城，大竹荣城，广安大良城，剑阁苦竹隘，剑阁长宁山鹅顶堡，苍溪太获城，南部跨鳌山城，蓬安运山城，南充青居城，合川钓鱼城，平武雍村，盐亭紫金山城，遂宁灵泉山城，蓬溪蓬溪砦，安岳铁峰城，金堂云顶城，富顺虎头城，乐山三龟九顶城，犍为紫云城等。

图1　南宋山城防御体系示意图（局部，驻军数目为余玠建城时数目）
（萧易供图）①

　　这些山城大多坐落在依山傍水的山崖之上，平均海拔虽仅三五百米，却峭壁环绕，远比人造城墙险要，有的地方甚至可以凭借天险而不筑城，地质学上形象地称为"方山"。"方山"山顶平坦，周

———————

① 合江新闻网，http://www.hjxtv.com/html/2017/meilihejiang_0214/11100.html。

回数百十亩至数十里不等①，有田可耕，有林可用，有水可饮，适合军队长期驻守，逃亡的百姓也来到山城耕作生息，又为军队提供了必要的粮草。

在余玠主持修筑的城池中，合江地区有四座。第一座是榕山城。宋理宗嘉熙三年（1239），合江军民按余玠制定的全蜀抵御蒙古入侵的战略计划，依山为垒，设险守土，在榕山筑城堡。史载，在宋元战争中，榕山城是泸州构筑的第一座山城，在全川以山为垒设险固守的防御体系中占有一席之地。据《合江县志》载，合江在榕山立城踞守一年之后，于嘉熙四年（1240）城治又迁安乐山（笔架山）。1243年，曹致大又筑神臂城等十七座城堡，形成互为掎角之势的防御体系。今重庆合川钓鱼城和四川泸州神臂城互为掎角，成为抗击蒙（元）军的两个主战场，坚持抗战达30余年。

宋理宗嘉熙四年（1240），四川制置副使彭大雅为了抗击蒙古军，派甘闰于合州（今重庆合川）东十里钓鱼山上筑寨。淳祐三年（1243），四川制置使余玠命冉琎、冉璞主持修筑钓鱼城，迁合州治所于此，驻以重兵，以控扼嘉陵江要冲。同时，泸州知州曹致大奉命将泸州城治迁合江焦滩乡（今神臂城镇）神臂山，依山筑城固守。在南宋山城防御体系中，神臂城与钓鱼城分别控扼长江、嘉陵江，拱卫重庆，屏障南宋半壁河山，被后人誉为"天生的重庆，铁打的泸州"。

图 2　合川钓鱼城

图 3　合江神臂城

---

① 亩，土地面积单位，1亩≈666.67平方米；里，长度计量单位，1里=500米，1千米=1000米。

钓鱼城坐落在今重庆市合川区城东 5 千米的钓鱼山上。钓鱼山突兀耸立，相对高度约 300 米。山下嘉陵江、渠江、涪江三江汇流，南、北、西三面环水，地势十分险要。这里有山水之险，也有交通之便，经水路及陆上道，可通达四川各地。1254 年，合州守将王坚进一步完善城筑，陕南、川北人民为避战乱纷纷迁来，钓鱼城成为数十万人的军事重镇。

1244 年神臂城筑城完成，因其修筑固若金汤，受到宋理宗嘉奖。神臂城坐落长江北岸，三面环水，南北宽 800 米，东西长 1 200 米。北接太伏镇，隔江为弥陀镇、大桥镇。距合江县城 30.2 千米，距泸州城 30 千米。从江心船上向北望去，神臂山突兀拔地，险不可攀。四面悬崖峭壁，形成一道天然屏障。

1251 年，蒙哥登上大汗宝座，稳定了蒙古政局，并积极策划灭宋战争。1252 年，蒙哥命其弟忽必烈率师平定大理，对南宋形成包围夹击之势。1257 年，蒙哥汗"诏诸王出师征宋"[1]，决定发动大规模的灭宋战争。"帝自将伐宋，由西蜀以入"，四川为蒙哥灭宋战争的主攻方向，蒙军自陕甘沿嘉陵江、岷江入川，意欲夺取重庆，顺流东下。为此，蒙哥命"张柔从忽必烈征鄂，趋杭州。命塔察攻荆州，分宋兵力"[2]。又命兀良合台自云南出兵，经广西北上。蒙哥自率蒙军主力攻四川，意欲发挥蒙古骑兵长于陆地野战的优势，以主力夺取四川，然后顺江东下，与诸路会师，直捣宋都临安（今杭州）。

宋理宗宝祐六年（1258）秋，蒙哥率军 4 万分三道入蜀，加上在蜀中的蒙军及从各地征调来的部队，蒙军总数大大超过 4 万。战斗在合川和神臂城方向同时打响。

合川方向，蒙军攻占许多地方，至钓鱼城下。钓鱼城巍然屹立，成为阻击蒙古军的坚强堡垒。开庆元年（1259）二月，蒙哥进驻石子山，亲自督阵攻城。从二月到五月，先后猛攻一字城和镇西、东新、奇胜、护国等城门以及外城，均被击退。六月，宋四川制置副

① 《元史·本纪三·宪宗》，长沙：岳麓书社，1998 年，第 23 页。
② 《元史·本纪三·宪宗》，长沙：岳麓书社，1998 年，第 24 页。

使兼知重庆府吕文德率战舰千艘往援，为史天泽击败，退回重庆。蒙古军加紧攻城，仍不能破，其先锋大将汪德臣被击伤死去。接着，蒙哥患病，《元史·宪宗本纪》载："是月，帝不豫……秋七月……癸亥，帝崩于钓鱼城。"①蒙古军被迫撤围。

合江方向，1258年，蒙古都元帅按敦进攻泸州，部将石抹按只率70艘战舰自岷江顺流而下击败宋军，但未攻破神臂城，双方呈胶着状态。

1261年（元世祖中统二年，南宋景定二年），元世祖忽必烈"谕将士举兵攻宋"②。钓鱼城方向，宋以马千代替王坚为合州主将，宋理宗景定四年（1263）张珏又代马千。张珏守合州，屡败元军。宋恭帝德祐元年（1275）王立又代张珏为合州安抚使。南宋卫王赵昺祥兴二年（1279）正月，王立降元，坚守三十余年的钓鱼城终于失陷。

神臂城方向，1261年初，潼川府路安抚副使兼知泸州刘整举城降蒙。蒙古授刘整夔府中书省兼安抚使，驻节泸州，神臂城陷落。7月，南宋安抚制置副使俞兴奉命讨逆。1262年正月夔州路策应大师兼四川宣抚使吕文德收复神臂城，改泸州为江安州，动员军民修复被毁的城寨防御设施，以备大战。

宋度宗咸淳四年（1268），元将完颜石柱率水师大军进攻神臂城水寨。神臂城守军以少胜多，迎头痛击。德祐元年（1275）六月初，屏障神臂城的上游军事设施被元军逐一破毁，神臂城陷于孤立无援境地。元西川行枢密副使忽敦率水军总管石抹不老和陆军广威将军、同金西川行枢密院事刘思敬等部合力围攻神臂城。驻守神臂城的守将潼川安抚使、知江安州梅应春于六月初十投降元军。神臂城再次陷落，江安州恢复泸州名称。神臂城失陷后，合江先坤朋和永川刘霖暗中合谋收复行动。刘霖冒死潜至合州钓鱼城搬救兵，说服四川制置副使、知重庆府张珏派兵收复神臂城。宋端宗景炎元年（1276）六月初三夜，刘霖与合州救兵赵安部潜游至神臂城下，派壮士数十

---

① 《元史·本纪三·宪宗》，长沙：岳麓书社，1998年，第25页。
② 《元史·本纪四·世祖》，长沙：岳麓书社，1998年，第35页。

人摸入城内，与内应先坤朋一起杀掉守门元军，打开城门，宋军大举攻入城内，全歼元兵，梅应春及元西川行院先锋大将赵匣剌被斩杀。神臂城光复后，防务交泸州安抚使王世昌主持。

1276年，奉元世祖忽必烈之命，元东、西两川行院调集大军再度围攻神臂城。此时的神臂城和合州钓鱼城，成了整个南宋王朝在四川地区的两个孤立据点，是南宋王朝在四川地区继续存在的象征。而拔掉这两个据点，就意味着元朝对整个四川地区的完全征服。元军旦只儿部自重庆溯江而上，于宋端宗赵昰景炎二年（1277）春进至神臂城外围，其他元军合力配合协助。元军采取步步为营战法，稳扎稳打，逐一拔掉宋军各陆路要塞据点，并牢牢控制住江面，神臂城守军被完全困在了山上。祥兴元年（1278）正月，神臂城被元军死死围困11个月后，元军终于攻入城内。神臂城守城宋军战士与元军展开了激烈巷战，最后全部战死，没有一个人投降，也没有一个人出逃。神臂城陷落11个月后，南宋王朝灭亡。

1278年，神臂城在坚守34年之后军民全部战死，城池失陷。合江县城迁大江南岸的济民市（黄氏坝），直到明代洪武初，合江城才迁回原旧城合江镇。

合江地区的抗蒙（元）战争持续时间30余年之久，合江地区反复易手，神臂城的抵抗功不可没。

合江地区的抵抗持续之久，究其原因有三。第一，神臂城自身有着完备的防御体系。神臂城，民间俗称"老泸州"，位于泸州市合江县焦滩乡老泸村的神臂山上。神臂城城址东西长1 200米，南北宽800米，周长3 365米，约1平方千米范围。长江三面环绕，四周悬崖峭壁，有如天神之巨臂伸入长江，控制住蜿蜒而过的滔滔江面，民间因其自然地理形势，取名"神臂山"。神臂城构筑在悬崖百仞、四面陡绝的高山上，面江背山，三面环水，东面虽然是陆地，但城墙高，而且筑有内墙和外墙。长江从山的北面流来，流过西南面的泥灏头，在神臂嘴绕过一个70度的急弯，紧贴南面山脚向东流去。从江心船上向北望去，神臂山突兀拔地，险不可攀。神臂城因山包砌，悬崖峭壁处不筑城墙。东面相对平缓，城墙外面加筑子城、炮台和护城池。城内城外，有一字城和地下坑道相通，南门外还有人工护城河，城内有下水道通神臂城外，城内还有一个暗道直通城外东南面，江上建为水寨，构成完整的水陆立体防御体系。第二，余玠始倡、后继不断完善的长江上游山城防御体系，起到了点与点之间互为掎角、彼此呼应的作用。第三，最为关键的是经过长期社会经济发展与和平环境积累起的财富繁庶，为长期的战争提供了坚实的物质基础。

我们不禁有些疑惑：其一，为什么南宋其他地区的抵抗没有这么激烈，反而是区区一个小县，反复争夺，数易其手，其表现出来的血性令数百年后的我们依然感到偾张。其二，地形险要和防御体系完整可以起到一定作用，但要长期支撑战争，后勤物质保障和作战器械以及兵士训练补充必不可少，当时的合江地区是怎样做到这一点的。

由于文献不足，南宋时期，大至整个川南地区，小到区区合江县，其社会经济的发展状况资料甚少，幸赖大量的宋墓石刻的发现，为我们研究宋代时期，尤其是南宋合江地区乃至川南地区的社会经济状况提供了丰富的资料，使我们得以与文献互证，从中窥视我们这块土地、我们的祖先曾经经历的那些波澜壮阔的往事。

本书作为合江宋墓石刻的研究成果，大致包括五个方面内容。

一、系统研究了合江宋墓石刻产生的背景。本部分为第一章，分别从民族融合完成、经济发展状况、思想文化影响三方面探讨宋墓石刻的产生背景。其一，论证了自魏晋以来就开始的南方少数民族——主要是史籍中称作"獠"的汉化的完成，为川南地区的地方文化增添了新的因素，僚[①]人好勇争胜的逞强精神与儒家忠义尽节思想的融合，使川南一带的民风在彬彬有礼之余又具有一种强悍勇敢的习气。其二，宋室南迁，僚人汉化的完成，为地区社会经济的发展提供了动力。在宋代，四川的经济相对独立且在全国占有很大的

---

① 僚，古作獠，1941 年国民政府颁布的训令指出，在民族称谓中，凡偏旁为"反爪"均作人旁。此训令于今仍有借鉴意义，故本书涉及"獠"者，引文仍旧，叙述则改写为僚。

比重和很高的地位，这也使得四川在面临战争时，能够独立支撑相当长的时间。合江地区较为险要的地形和相对发达的经济，和平时期可以为文教兴盛奠定雄厚物质基础，战时可以为支撑战争提供强有力的保障。其三，宋代典雅的文化讲法度、求精致，整个社会蔓延着尚雅、尚清、尚逸、尚韵的风尚。同时，市民文化的发达，孕育出一系列与雅文化不同美学精神的俗文化，雅和俗并存且相互影响，使市民文化得以产生并不断发展，宋墓石刻正是这种雅俗并存文化的产物。

二、概述了合江宋墓的分布和形制。本部分为第二章，包括三部分内容。第一部分概述我国古代墓葬形制演变。根据文献记载和考古发现，宋代中原地区因遵循政府葬制而极少有石室墓，大幅的墓室石雕更是罕见，四川地区却屡有发现，因而合江发现大量的宋代石室墓就不是奇怪之事。第二部分对合江周边地区，特别是毗邻的泸县发现的宋代石室墓进行了叙述，旨在说明合江石室墓的出现不是孤立现象，它既是一个时代民俗现象，又体现时代文化精神。第三部分根据近年的发现叙述了合江宋墓石刻的分布和形制，将合江宋代墓葬的分布密度与今天合江人口分布状况进行比较，从而证实今天合江社会发展较好的地区在历史上一般属于开发较早的地区。

三、叙述合江宋墓石刻的特征和内容。本部分为第三章，包括两个内容。一是对泸州市博物馆、泸县宋墓石刻博物馆收藏的宋墓石刻四灵造像、人物造像、植物花卉图案进行综述，二是对合江发现的同类型石刻图案进行简介，并结合文献做一定考释。

四、专题研究宋墓石刻反映的宋代合江社会状况。本部分为第四章，此部分作者用力甚勤，一些观点发见可资方家参考。这部分包括三方面内容。第一部分根据石刻墓志铭和图像研究宋代合江人口结构。宋代合江人口结构，我们大致推测由三部分组成。一是自秦汉以来即定居于此的土著民众，一是近世迁居合江的汉人，一是魏晋以来迁入合江的少数民族。研究侯居士墓志铭，得以证实合江地区移民成为土著的历史；研究合江宋墓石刻中梳发辫的妇人，可以做出迁居合江的少数民族历若干代后汉化为汉人的推测。第二部分对合江荔枝在南宋时期的生产进行了分辨，明确提出南宋时期的合江无疑已经是荔枝主产区。第三部分作者展开合理的历史想象，把合江出土发现的宋墓石刻内容连缀起来，复原宋代合江人自晨起至晚间的生活。

五、比较研究从汉代到宋代人文的变化。本部分为第五章，也是作者深研且有所心得的内容，由两个部分构成。其一，综述自先秦至宋代美学思想的发展，内中尤其是对汉代、宋代的美学思想进行了研究，在学习众多研究者成果的基础上，对汉宋两代的美学思想和美学追求的异同进行比较，从而为比较合江汉石棺和宋墓石刻奠定学术基础。其二，结合汉代石棺和宋墓石刻的实例，对两代不同的美学追求表现出来的精美艺术品进行鉴赏，读者可以从中体会艺术反映的不同的时代精神。

人们都说，宋代是一个典雅的时代，不错，从石刻精细的雕凿中可以体会到宋人闲适的日常生活。但是，在合江地区，宋代不仅仅给后人留下了典雅的印象，一尊尊怒目圆睁的武士石刻，在守护主人的同时，难道不是在向后人透露那个铁马金戈的年代和那热血沸腾的战争场面么？

第一章
合江宋墓石刻产生的社会历史背景

  长江上游重庆以上最早的建制县有三个。一个是僰道县，汉武帝建元六年（前 135）建，初属蜀郡，治所在马湖江会，即今宜宾金沙江、岷江汇合处；一个是江阳县，汉景帝六年（前 151）设江阳侯国，汉武帝建元六年改江阳县，治所在今江阳区。另一个就是符县，即今合江县。

  合江地区，夏商之时在梁州之域，周代属巴子国，秦分天下为郡县，合江属巴郡。西汉武帝元鼎二年（前 115）置符县，属犍为郡。其后，县名先后有符信县、符节县、安乐县。公元 564 年（北周保定四年，南朝萧梁文帝五年）因长江、赤水二水在此相合，定县名为合江。从此"合江"之县名沿用 1 400 多年，至今未易。全县面积 2 414 平方千米，辖 27 个乡镇，森林覆盖率达到 55%以上，人口繁庶，历史文化悠久。县志骄傲地记载："合江之为县，自汉始，地滨大江，颇称繁庶。"①"馆泸渝之中枢，扼长江之上游，古称带砺河山之国。"②"县当大江、赤水之会，为蜀南要冲。""合江，符阳古邑也，山河流峙，竹树纷披，风土存良，人民辐辏。自秦汉以及唐宋，未尝不称甚盛焉。"③

  经过两千多年历史岁月，合江社会经济发展取得了丰硕成果。

---

① 《合江县志·民国版》[民国十四年（1925）续修，2012 年点校重刊]"重修合江县志序一"。

② 《合江县志·民国版》[民国十四年（1925）续修，2012 年点校重刊]"重修合江县志序二"。

③ 《合江县志·乾隆版》[乾隆二十七年（1762）撰修，2014 年合江县地方志办公室点校]"罗文思合江县志叙"。

2016 年，全县实现地区生产总值 178.1 亿元，全年粮食作物播种面积 121.6 万亩，油料播种面积 4.7 万亩，蔬菜栽种面积 16.4 万亩、药材播种面积 1.1 万亩。粮食总产量 51.8 万吨，全年全部工业增加值 66.4 亿元，对经济增长的贡献率为 43.4%。年末境内公路总里程 2 208.0 千米，其中等级公路里程 1 736.6 千米，高速公路 61.3 千米。年末共有中小学校 103 所，在校生 134 309 人，专任教师 6 009 人，民办普通高等专科院校 1 所，在校学生 4 524 人，专任教师 162 人；特殊教育学校 1 所，在校学生 739 人，专任教师 16 人；幼儿园 126 所，在园儿童数 23 181 人。年末全县文物保护单位 144 处。其中，全国重点文物保护单位 4 处，省级、市级、县级文物保护单位分别为 12 处、21 处、107 处。文物保护点 1 173 处。全县户籍人口 90.0 万人，常住人口 70.75 万人，城镇化率 37.6%。①当代合江建设事业飞速发展，回溯历史，有利于更好地找到前进的方向。

合江地区，乃至整个川南地区，汉代文物遗存较多。东汉以后，自三国讫北宋，地下文物发现甚少。南宋以后的文物增多，特别是作为南宋时代代表性文物的宋墓石刻出土较多。这种现象的出现，有何历史原因？

第一节　民族融合的完成对合江的影响

中国古代历史上出现过三次影响巨大的民族融合。分别是春秋战国时期的民族大融合、魏晋南北朝时期的民族大融合和宋元时期的民族大融合，每一次民族融合的完成，都在我国历史上形成了空前强盛的统一局面。

据传说和考古发掘，炎黄时代至尧、舜、禹时期，黄河中游的炎、黄两大部落，不断地碰撞融合，结成联盟向东推进，战胜了以泰山为中心的太昊、少昊集团，建立起号令黄河流域各部落的大联盟，并击

---

① 《合江县 2016 年国民经济和社会发展统计公报》，http：//www.hejiang.
gov.cn/gk/tjxx5/content_131718。

败江汉流域的苗蛮集团，成为可追溯的中国早期民族融合的核心。春秋、战国时期，民族融合进一步发展。这一时期，中原大地及其周边各族，不断地凝聚、兼并、扩张，融合成一个新的民族——华夏族。华夏族自诞生之日起，又以迁徙、聚合、民族战争等诸多方式，频频与周边各民族碰撞、交流，不断吸收新鲜血液，像滚雪球一样不断地融合众多非华夏族的氏族和部落。秦汉时期，民族间经济文化交流更加充分，我国以汉族为主体的统一的多民族封建国家初步形成。三国两晋南北朝时期，三百多年的时间里政权分裂、战乱频仍，中国社会处于一个巨大动荡的漩涡之中。与汉族及其前身华夏族有着密切联系的各族，出现在中原政治舞台上，民族融合过程加快。这个时期，不论南方还是北方，都存在民族之间双向或多向的迁徙、对流。

在北方，史称"五胡"的匈奴、鲜卑、羯、氐、羌等塞外民族纷至沓来，在黄河流域建立了许多政权。中原地区形成的胡汉杂居局面，为各民族的融合提供了先决条件。"五胡"民族在与汉族的长期杂居相处与通婚中，互相依存、互相吸收。到隋朝统一黄河流域之时，从北方迁入中原的少数民族差不多都被汉族融合了。在南方，自秦汉以来，不少华夏或汉族民众大批进入南方地区、西南及岭南地区。同时，豫州、荆、雍州的居民向北推移，爨人被征调内地，成为南朝的编户齐民。通过双向的、对流式的迁徙杂居，以及不间断的武力征伐、联姻结盟和左郡左县①的设置等多种渠道，南方地区汉族的夷化和夷族的汉化现象也日渐普遍。

四川，因北宋真宗咸平年间将川陕路分为益州、梓州、利州、夔州四路，合称川陕四路，简称四川路而得名。东汉以后南方的少数民族不断迁入四川地区，在长达三个多世纪的时间里，四川腹地不断有南方少数民族迁入。川南地区许多地方遍布少数民族，暂时中断了汉文化影响范围的扩大，直到两宋民族融合完成，汉文化才又显出突出特点。

---

① 左郡左县是南朝宋齐两朝主要推行于江淮之间蛮族地区的地方行政机构，一般认为它是上承两汉边郡，下启隋唐羁縻府州的重要郡县制度。

自春秋战国以来，各诸侯国先后实行"为户籍相伍"制度，到汉武帝时正式施行"编户齐民"，规定凡政府控制的户口都必须按姓名、年龄、籍贯、身份、相貌、财富情况等项目一一载入户籍。编户齐民具有独立的身份，依据资产多少承担国家的赋税和徭役、兵役。汉制对初郡的少数民族，一般不属"编户"，"以其故俗治，毋赋税"。①根据《汉书·地理志》记载，犍为、牂牁、越巂、益州四郡共有编户 27 万多户，163 万人，《后汉书·郡国志》则云：犍为、牂牁、越巂、益州、永昌五郡共有编户 56 万多户，331 万多人。这些编户多半是汉民和趋于汉化的少数民族。东汉王朝倾覆后，中原对西南少数民族地区的控制减弱，少数民族开始向内地迁移，"编户"在很长时间内缺载。两晋之际，被称为"巴氐"实则为賨人（板楯蛮）后裔的李氏兄弟率西北流民南入成都，建立"成汉"政权（306—347），此后巴蜀地区先后经历了东晋、前秦、谯纵、宋、齐、梁、西魏、北周等政权的频繁更迭，战乱不断，社会纷扰不已。原来聚居在山区的大量原住少数民族纷纷"出山"，甚至攻城略地。情况大体如《魏书》中所载："建国中，李势在蜀，诸獠始出巴西、渠川、广汉、阳安、资中，攻破郡县，为益州大患。势内外受敌，所以亡也。自桓温破蜀之后，力不能制，又蜀人东流，山险之地多空，獠遂挟山傍谷。……萧衍梁、益二州，岁岁伐獠以自裨润，公私颇藉为利。"②

南朝时期，南方的少数民族有蛮、僚、俚、爨四大系统，其中，蛮的活动范围，遍及今湘、鄂、豫、皖、赣、川、渝等省市。蛮在语言上不一致，地域上不相连接，在以后的发展中，他们有的融合于汉族，有的与今天的土家、苗、瑶和仡佬等族有渊源关系。隋唐时期，蛮分为两支，一支是"盘瓠之后，其来已久"，另一支是廪君巴蛮之后，这两支蛮分布于今湖南、湖北、重庆东部一带。俚散布于今天湘、广山区，一部分俚人与汉人杂居，同于编户。爨人主要分布于今云南地区。僚人称谓最开始出现是在南北朝时期的广西云

---

① 司马光：《资治通鉴》卷第二十一《汉纪》十三《世宗孝武皇帝下之上》。
② 魏收：《魏书》卷一百一《列传》第八十九《僚传》，北京：中华书局，1974 年，第 2249 页。

贵地区，僚常和俚并称"俚僚""夷僚"等。唐后期"俚"的称谓逐渐消失，取而代之的是"僚"。

蛮、俚、爨人与合江历史发展的联系相对较小，与合江地区历史发展关系较密切的是僚。僚在秦汉时称百濮。先秦时期整个川南地区，总体上处于"荒服"地带，朝廷"因其故俗而治之"，中央政府对其态度则是来者不拒、去者不禁。武王伐纣，其联军有庸、蜀、羌、髳、微、卢、彭、濮等，八国皆蛮夷戎狄属文王者国名。蔡沈注《尚书》云："庸、濮在江汉之南，羌在西蜀，髳、微在巴蜀，卢、彭在西北。"①武王克商后，周疆域扩大，"巴、濮、楚、邓，吾南土也"②。与合江历史联系紧密的巴、僰、濮进入周王朝管辖的范围。根据文献记载和文物遗存，合江地区的居民，历史上属西南夷，具体地说，应是百濮。联系到合江上游宜宾一带（僰道县）有着"本有僰人"，后来随着"汉民多，渐斥徙之"，才逐渐成为汉民聚居之地的文献记载，以及今天毗邻的珙县、兴文等地多僰人悬棺的事实，我们可以判断，春秋以前，合江地区的主要居民应该与僰人等族属有关，是百濮（魏晋南北朝时期的僚）中的一支或数支，他们是合江地区的土著。吕思勉先生曾指出：濮，《周书·王会解》作卜，"卜人作丹砂"，孔颖达注"卜人西南之夷"，王应麟补注"卜人即濮人"，《说文》作僰，都是一音之转，他们就是汉朝时期的夜郎、滇、邛都诸国。③在云南、贵州一带，濮常与僚相混。

四川自古称巴山蜀水，巴在东，蜀在西。春秋时期，巴国开始见于史籍，为巴人所建。巴人先居于湖北与四川（重庆）交界处，后逐渐扩展至以重庆为中心的四川东部区域，合江地区即在巴国辖区。因此，春秋战国时期，合江境内的居民应该是巴人和濮人混居，巴地"其属有濮、賨、苴、共、奴、獽、夷蜑之蛮"④，由于巴人处

---

① 蔡沈：《书经》，上海：上海古籍出版社，1987年，第69页。
②《左传·昭公九年》，长沙：岳麓书社，1991年，第299页。
③ 吕思勉：《中国史》，北京：中国华侨出版社，2010年，第40页。
④ [晋]常璩撰，唐春生等译：《华阳国志·巴志》，重庆：重庆出版社，2008年，第297页。

于强势地位，合江地区的文化纳入了巴文化的范畴。巴蜀文化交相影响，《华阳国志》载蜀王杜宇"教民务农"，"巴亦化其教而力务农"①。巴蜀之西、之南为西南夷，《史记·西南夷列传》载："西南夷君长以什数。"他们包括夜郎、滇、邛都、嶲、昆明、徙、筰都、冉駹、白马等族群，他们的社会经济发展处于农耕、游牧状态。其中，居于巴蜀之南的是南夷，主要是夜郎等，汉武帝开发西南夷时，夜郎境内的民族大部分为"夷僚"，居于蜀之西及西南的是西夷。从汉所置郡县分，居犍为、牂牁郡的是南夷，居越嶲、益州郡的是西夷。牂牁郡 17 县位于夜郎地区，都有僚人分布。

巴蜀自古以来与西南夷联系密切。公元前 316 年，秦并巴蜀，设巴郡、蜀郡，巴、蜀二郡成为我国西南最早实行郡县制的地区。周赧王三年（前 314），秦又"分巴、蜀置汉中郡"。合江属巴郡，是巴蜀地区与南方少数民族交往的咽喉之地。

秦汉时期，巴蜀之民与西南各族的经济交换密切，往来频繁。"巴蜀民或窃出商贾，取其筰马、僰僮、髦牛，以此巴蜀殷富。"②合江与西南夷中势力最大的夜郎接壤，自很早时候起就有商道与夜郎交往。

秦汉之时，巴蜀与南夷的交通主要有两条道路③，一是五尺道，《史记·西南夷列传》载："秦时常頞略通五尺道，诸此国颇置吏焉。"④《华阳国志·蜀志》载：高后六年（前 182）筑僰道城（今宜宾），此地"本有僰人，故《秦纪》言僰童之富。汉民多，渐斥徙之"⑤，此道去滇。另一条是唐蒙通夜郎道，即《汉书·西南夷传》"将千人，食重万余人，从巴符关入，遂见夜郎侯多同"⑥的那条道，此道去黔南，

---

① [晋]常璩撰，唐春生等译：《华阳国志·蜀志》，重庆：重庆出版社，2008年，第 311 页。

② 《史记·西南夷列传》，长沙：岳麓书社，1988 年，第 830 页。

③ 贾雪枫：《石棺密码——合江画像石棺研究》，成都：四川大学出版社，2014 年，第 21 页。

④ 《史记·西南夷列传》，长沙：岳麓书社，1988 年，第 830 页。

⑤ [晋]常璩撰，唐春生等译：《华阳国志·蜀志》，重庆：重庆出版社，2008年，第 318 页。

⑥ 《汉书·西南夷传》，北京：中华书局，2007 年，第 951 页。

是很早就存在的"巴蜀民或窃出商贾""独蜀出枸酱，多持窃出市夜郎"①的民间商道，起点在"巴符关"。符关即符关，即今之合江县城南关。王念孙指出："巴符关"在泸州合江县。②乾隆版《合江县志》载："符关，在县南。"民国版《合江县志》更进一步指出，符关"为自蜀入黔要隘。汉中郎将唐蒙，从巴符关入夜郎，即系此道"③。秦灭蜀后，动员"秦民万家"入蜀。秦统一后，又下令把一批六国的工商富豪和能工巧匠迁移到巴蜀。因此，秦汉时期，四川地区汉化趋势不断增强，巴蜀二郡的中原文化骤然繁盛，故《华阳国志·蜀志》有"开辟及汉，国富民殷，府腐谷帛，家蕴畜积。《雅》《颂》之声，充塞天衢，《中和》之咏，侔乎《二南》"④之赞。

但是，西南周边地区传统上是蛮、夷、汉交错杂居之地。蛮夷时而归服，时而叛变，郡县废立不定，比如西夷莋都在秦时属蜀郡，西汉初年为汉政权暂时放弃，直到汉武帝建元六年（前 136）才又重置郡县。公元前 135 年，唐蒙通夜郎后，汉在夜郎地区设郡县，到汉武帝元光六年（前 130）因"西南夷又数反，发兵兴击，耗费无功"，派公孙弘往视问焉。公孙弘"数言西南夷害，可且罢"，汉武帝听从建议，"上罢西夷，独置南夷、夜郎两县一都尉，稍令犍为自葆就"⑤。东汉王朝崩溃后，中央政权对西南夷地区控制力减弱，泸州、宜宾地区汉化程度开始下降。这种状况持续到唐宋，陆游到宜宾曾与僚民近距离接触。"访山谷故迹于无等佛殿。西庑有一堂，群蛮聚博其上……椎髻獠面，几不类人……时方五月，皆披毡毳，臭不

---

① 《汉书·西南夷传》，北京：中华书局，2007 年，第 951 页。
② 《史记·会证》"王念孙曰：'巴莋关本作巴符关……符关即符县，而县为故巴夷之地故曰巴符关。汉之符县，在今泸州合江县西，今合江县南有符关，仍汉旧名也。'"转引自贵州省哲学社会科学研究所编《夜郎考》，贵阳：贵州人民出版社，1979 年，第 149 页。
③ 《合江县志·民国版》[民国十四年（1925）续修，2012 年点校重刊]上卷，第 30 页。
④ [晋]常璩撰，唐春生等译：《华阳国志·蜀志》，重庆：重庆出版社，2008 年，第 321 页。
⑤ 《史记·西南夷列传》，长沙：岳麓书社，1988 年，第 831 页。

可迩。"①南宋范成大在过宜宾、泸州时曾云："泸叙过江即夷界。"②说明南宋初年，泸州、宜宾一带少数民族的势力还相当大。

合江古属巴，与夜郎接壤，境内汉夷杂居是自然而然的事。《华阳国志·巴志》云："其地东至鱼复，西至僰道，北接汉中，南极黔涪。""其民质直好义，土风敦厚，有先民之流。……其属有濮、苴、共、奴、夷蜑之蛮。"③春秋战国时期，濮人主要居住于楚国西南部，即今重庆南部、四川南部、贵州、云南等地。百濮族部落众多，分布广泛，江应梁先生曾指出：古代的濮和越、百濮和百越是一个民族，在一些文献中所记载濮和越基本上没有什么区别。在蜀地以东，楚地以南和西南，直至整个云贵高原，都有百濮人的分布。直到春秋中叶，百濮仍是一股强大的地方势力，《左传·文公十六年》记载："庸人帅群蛮以叛楚。麇人率百濮聚于选，将伐楚。"④孔颖达《正义》云："孔安国云'庸濮在江汉之南'。是濮为西南夷也。《释例》曰：'建宁郡南有濮夷，濮夷无君长总统，各以邑落自聚，故称百濮也。'"《史记·楚世家》说：楚武王（？—前690）"于是始开濮地面有之"⑤。公元前523年（周景王姬贵二十二年，楚平王熊弃疾六年），"楚子为舟师以伐濮"，⑥受到楚国挤压的濮人开始溯长江而上、定居在巴蜀盆地（四川、重庆）与云贵高原交界地区，故左思《蜀都赋》云："于东则左绵巴中，百濮所充。"合江地处盆周乌蒙山、大娄山余脉，濮人入居应为情理中之事。

魏晋时期百濮称僚，《魏书·僚传》："僚者，盖南蛮之别种，自汉中达于邛筰，川洞之间，所在皆有。种类甚多，散居山谷。"⑦"僚"不是单一民族称谓，"略无氏族之别"，除巴蜀地区外，西南、华南

①　陆游：《老学庵笔记》卷三，北京：中华书局，1979年，第36页。
②　范成大：《吴船录》下卷。
③　[晋]常璩撰，唐春生等译：《华阳国·巴志》，重庆：重庆出版社，2008年，第296、297页。
④　《左传·文公十六年》，长沙：岳麓书社，1988年，第112页。
⑤　《史记·楚世家》，长沙：岳麓书社，1988年，第327页。
⑥　《左传·昭公十九年》，长沙：岳麓书社，1988年，第327页。
⑦　魏收：《魏书》卷一百一《列传》第八十九《僚传》，北京：中华书局，1974年，第2248页。

很多民族都有此称。"蜀本无獠",但公元 4 世纪,居住在西南地区的獠人发生的一次大规模的民族迁徙,使四川地区出现了数量庞大的獠人。西晋永嘉五年（302）后,四川南边的犍为郡、僰道县就有大批獠人入住。东晋咸康四年（338）开始,原居住在牂牁,今贵州境内的几十万獠人开始北上入蜀,散布在梁、益二州境内,史称"獠人入蜀"。郦道元《水经注·漾水》云:"李寿之时,獠自牂牁北入,所在诸郡,布满山谷。"[①]"李势在蜀,诸獠始出巴西、渠川、广汉、阳安、资中,攻破郡县,为益州大患。……自桓温破蜀之后,力不能制。又蜀人东流,山险之地多空,獠遂挟山傍谷。"[②]獠人大量入蜀,分布在"自汉中以达于邛笮"的广大区域内。据《晋书·地理志》载,西晋在今四川、重庆范围内设置了蜀、犍为、汶山、汉嘉、江阳、朱提、越巂、梓潼、广汉、新都、涪陵、巴郡、巴西、巴东、建平等 15 郡,除新都一郡外,其他十四个郡都有獠人的踪迹。其中以岷江、沱江中下游和渠江上游地区,即晋代之犍为、巴西二郡最为密集。所以《华阳国志》载:"蜀土无獠,乃是始从山出,自巴至犍为、梓潼,布满山谷,大为民患。"[③]獠人挨山傍谷,与土著蜀人杂居相处,许多地区势力超过汉民,其社会发展水平较低,处于渔猎、刀耕火种阶段,保留着"保据岩壑,依林履险"的生活习俗。东晋时期在獠人淹没的地方不置郡县,今宜宾、泸州均没于夷獠,至西魏、北周时才重置。岷江、沱江流域的獠人是在北周和隋唐时期才纳入封建统治下,融合大约完成于两宋之际。至于长江以南地区的獠人,唐末才与汉族及其他少数民族杂居。[④]

　　獠人入蜀对四川地区的民族构成产生了极大的影响,特别是四

---

① 郦道元:《水经注·漾水》,长沙:岳麓书社,1995 年,第 303 页
② 魏收:《魏书》卷一百一《列传》第八十九《獠传》,北京:中华书局,1974 年,第 2249 页。
③ [晋]常璩撰,唐春生等译:《华阳国志·李特雄期寿势志》,重庆:重庆出版社,2008 年,第 373 页。
④ 周蜀蓉:《析"獠人入蜀"的影响》,《西南师范大学学报（人文社会科学版）》,2004 年第 1 期。

川少数民族的成分结构和分布都发生了巨大的变化。当时，益州有獠 10 万余。到南北朝中期，獠人口大增，獠人和"夏人参居者颇输租税，在深山者仍不为编户"①。獠支系繁多，各部首领彼此不相统属，"往往推一长者为王，亦不能远相统摄，父死则子继"②。南北朝时期四川地区汉人稀少，獠人的生存空间大为扩展，几十万獠人入蜀。据研究，獠人最多时高达三百万以上，超过原有的汉族居民。獠人入蜀一方面增加了劳动人口，另一方面，则使巴蜀地区的民俗与文化发生了极大变化。据《魏书》记载，獠人社会发展水平较低，其居处"依树积木，以居其上，名曰干阑"，其社会组织"往往推一长者为王，亦不能远相统摄"，其葬俗为"死者竖棺而埋之"。其民俗"好相杀害，……至于忿怒，父子不相避，唯手有兵刃者先杀之""若报怨相攻击，必杀而食之""畏鬼神，尤尚淫祀"③。唐代时，"戎、泸间有葛獠，居依山谷林菁，逾数百里。俗喜叛，州县抚视不至，必合党数千人，持排而战"④。泸州"其夷獠则与汉不同，……夫亡，妇不归家，葬之崖穴"⑤。同治重修《嘉定府志》记载，泸叙相连而处处可见的獠洞，皆晋宋间獠人所凿，这些石洞至今尚存。《安岳在线》曾发布《探秘安岳蛮子洞》一文，文中提到在安岳深丘地区的双龙街乡至少有几十个密集分布的"蛮子洞"，均在悬崖石壁之上。大部分蛮子洞的洞口成正方形或长方形，少数是圆拱形。洞口大多高 1.5 米以上，洞顶成拱形。一般的洞子宽 3 至 4 米，深 4 至 5 米，高 2 至 3 米，地平面积 20 平方米左右，蛮子洞内经过打凿，錾子纹路很粗，每个洞窟里都有石床、石灶、石水缸等生活设备。安岳县

---

① 魏收：《魏书》卷一百一《列传》第八十九《獠传》，北京：中华书局，1974 年，第 2249 页。

② 魏收：《魏书》卷一百一《列传》第八十九《獠传》，北京：中华书局，1974 年，第 2248 页。

③ 魏收：《魏书》卷一百一《列传》第八十九《獠传》，北京：中华书局，1974 年，第 2248-2249 页。

④《新唐书》卷二百二十二下《南蛮传下》，北京：中华书局，1975 年，6328 页。

⑤《太平寰宇记》卷八十八《剑南东道》七"泸州"，北京：中华书局，2007 年，第 1740 页。

的专家推测这些"蛮子洞"实际上是僚人的家园。①

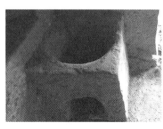

图 1-1 安岳发现的"蛮子洞"
（自左至右依次是蛮子洞外观、洞内石灶、石床）

僚人的文化教育程度远远低于原巴蜀居民，"诸夷之中，最难以道义招怀"②，大量僚人的入蜀使两汉以来巴蜀繁荣的文化遭到严重破坏。这种情况在僚人散居，不置郡县的地方尤其明显，直接导致该地区文化教育的衰落，使两汉以降不亚齐鲁的巴蜀地区文化出现衰退。

巴蜀地区民族构成的变化和文化的衰退，在合江所在的泸州、宜宾等川南地区尤为明显。唐代李吉甫《元和郡县图志》卷三一"戎州"条载："李雄窃据，此地空废。"③卷三三 "泸州"条载：晋穆帝（345—361）时桓温曾驻军于此，"后为僚所没"，泸州属县江安县，"本汉江阳县地也，李雄乱后，没于夷僚"。《太平寰宇记》载北宋初年泸州户数为汉户 2 047，僚户 2 415，④僚户已显著超过汉户。这种变化也反映在合江的行政管理变迁上。史载合江自汉武帝元鼎二年（前 115）设符县后，先后经历了符信县（王莽新朝）、符节县（东汉、蜀汉）、符县（西晋）的演变，东晋穆帝时，置安乐县，《元

① 安岳在线：《探秘安岳蛮子洞》，http://www.anyue.ccoo.cn/bendi/info-117083.html。
② 《文献通考》卷三百二十八《四裔考五·僚》。
③ 李吉甫：《元和郡县图志·下》，北京：中华书局，1983 年，第 790 页。
④ 转引自刘复生：《泸州宋墓墓主人寻踪》，《泸州市博物馆藏宋墓石刻精品》，北京：中华书局，2016 年，第 193 页。

和郡县图志》云：“本汉符县地，晋穆帝于此地置安乐县。”①至南北朝梁武帝时（502—549），撤销安乐县，置安乐戍。戍是边防营垒城堡、军事要塞，合江地区数百年来均是设县，至南朝时改设戍，说明此时僚人确实威胁到巴蜀内地安全。

僚的大举入居，使宜宾、泸州整个川南地区布满僚人，“戎、泸间有葛僚，居依山谷林箐，逾数百里，俗喜叛，州县抚视不至，必合党数千人，持排而战”②。朝廷不得已设羁縻州因俗而治。《旧唐书》载：泸州都督溱、珍、晏、纳、奉、浙、巩、薛、顺、思峨十州，“皆招抚夷僚置，无户口、道里，羁縻州”③。羁縻十州所置年代在仪凤二年（677）至大足元年（701）之间，各州亦多为 “开山洞置” 或 “招生僚置”，戎州都督府则 “羁縻州十六，武德、贞观后招慰羌戎开置也”④。刘复生的研究证实，据《新唐书》卷四三下《地理志七下》，戎州都督府下设置了六十三个羁縻州，泸州都督府下设立有十四个羁縻州。羁縻州本来就不是固定不变的，无户口、道里，其与唐朝地方政权的关系也很松散，诸书记数不一就十分正常。⑤这种状况延续至宋，这些蛮，既包括早先的僰人，也包括入蜀的僚人，还有晚期进入川南的乌蛮。《宋史》列传第二百五十五《蛮夷四》记载：“泸州西南徼外，古羌夷之地，汉以来王侯国以百数。”“又有夷在泸州部，亦西南边地，所部十州：曰巩、曰定、曰高、曰奉、曰淯、曰宋、曰纳、曰晏、曰投附、曰长宁，皆夷人居之，依山险，善寇掠。”⑥按宋制，在矿冶、铸钱、牧马、产盐等地区置“监”，

①　李吉甫：《元和郡县图志·下》，北京：中华书局，1983 年，第 864、865、866 页。
②　《新唐书》卷二二二下《列传》一四七《南蛮传下》，北京：中华书局，1975 年，第 6328 页。
③　《旧唐书》卷四十一《志》第二十一《地理四》，北京：中华书局，1975 年，第 1686 页。
④　《旧唐书》卷四十一《志》第二十一《地理四》，北京：中华书局，1975 年，第 1693 页。
⑤　参见刘复生：《“泸县宋墓”墓主寻踪——从晋到宋：川南社会与民族关系的变化》，《四川大学学报（哲学社会科学版）》，2014 年第 6 期。
⑥　《宋史》卷四百九十六《列传》第二百五十五《蛮夷四》，北京：中华书局，1977 年，第 14229、14242 页。

在军事要津、扼控地区设"军",今宜宾、长宁一带产盐,故设淯井监。"淯井监者,在夷地中,朝廷置吏领之,以拊御夷众,或不得人,往往生事。""皇祐元年二月,夷众万余人复围淯井监,水陆不通者甚久。……数月然后平。"①

僚人"其与华人杂居者,亦颇从赋役。然天性暴乱,旋致扰动"②。泸州蛮僚与官军相互争斗不已,如所用非人,则动乱更甚,朝廷因此头痛不已。开宝六年(973),泸州又因地方官处置不当而出现蛮僚反叛事件,朝廷命钱文敏知泸州,临行前宋太祖召见他,告诫道:"泸州近蛮獠,尤宜抚绥。闻知州郭思齐、监军郭重进擅敛不法,卿为朕鞫之,苟有一毫侵民,朕必不赦。"③夷夏之间的融合需时日,直至南宋之初,宜宾、泸州城池仍然衰败,范成大经过戎州(宜宾)、泸州,看到的是一派破败景象,他写道:"旧戎州在对江平坡之上,与夷蛮杂处。……对江诸夷皆重屋,林木蔚然,盛暑犹荷毡以观客舟之过江。""泸郡近年以为帅府,井邑草草,不成都会,亦以密迩夷蛮故也。"④《方舆胜览》也称泸州"最近蛮獠,为边隅重地"⑤。自汉以后长达六七百年时间内,川南地区,包括大量发现汉石棺的合江,汉文化在文献记载及历史遗迹之中毫无踪迹,直至南宋时期,才又出现承载汉文化的宋墓石刻。《太平寰宇记》载,泸州地区"唐开元,户一万六千五百九十四,皇朝管汉户二千四十七,獠户二千四百一十五。"⑥僚户比汉户多,到宋徽宗崇宁年间,泸州的户数44 611,已经不再区分汉僚了,也就是说僚人基本完成汉化。泸州地区又成为文化兴盛的地方,今天省辖市泸州辖区内,泸县、合江发现大量南宋墓石刻,纳溪、叙永等区县,也有数量不少的宋墓石

① 《宋史》卷四百九十六《列传》第二百五十五《蛮夷四》,北京:中华书局,1977年,14229-14330页。
② 《文献通考》卷三百二十八《四裔考五·獠》。
③ 《续资治通鉴·宋纪七》。
④ [宋]范成大:《吴船录》卷下。
⑤ [宋]祝穆:《方舆胜览》卷六十二《泸州》。
⑥ 《太平寰宇记》卷八十八《剑南东道》七"泸州",北京:中华书局,2007年,第1739页。

刻发现。

　　僚人汉化的完成，使得历史上曾经布满巴蜀的僚人消失在历史的时空之中，由于僚人文化程度低，缺乏对其的文献记载，我们只能从川南地区的民俗、墓葬中去寻找他们留下的痕迹。僚人汉化，为川南地区的地方文化增添了新的因素，僚人好勇争胜的逞强精神与儒家忠义尽节思想的融合，使川南一带的民风在彬彬有礼之余又具有一种强悍勇敢的习气。

第二节　合江宋墓石刻产生的经济因素

　　唐朝中后期起，中国经济重心开始南移。随着经济重心的南移，合江地区的社会经济出现了飞速进步。南宋时期，川南地区基本完成了民族融合，同时，中国古代经济重心南移趋势在南宋基本完成，四川地区再次成为全国富庶之地。

　　中国古代经济发展的重心经历了自西向东、由北向南转移的过程。我国古代以农立国，因此经济重心的转移也是农业生产的发展变迁过程。先秦时期，农业生产的中心在黄河中下游一带。《禹贡》将九州大地的土壤分成九等，雍州黄土高原的土壤被认为是上上等，北方其他各州则为上中等、上下等和中三等，而南方梁、荆、扬三州却是下三等。当时的南方被认为是不适宜人居之地，"江南卑湿，丈夫早夭"①。秦汉时期，北方已形成关中和山东两大农业经济中心。而南方却还是"地广人稀，饭稻羹鱼，或火耕水耨"。在农业社会里，人是最主要的生产力，人口数量是农业文化发达程度的重要指标。西汉元始二年（2）的人口统计表明北方人口是南方的三点二倍。直至三国时期，南方的吴和西南的蜀虽然开始开发，然其经济基础薄弱，黄河流域曹魏地区经济的发展仍然是超过吴和蜀两国的，这正是日后西晋统一全国的基础。

①《史记·货殖列传》，长沙：岳麓书社，1988年，第935页。

魏晋以后中国社会的大变动大大加速了南方的开发过程，使南方的农业文化水平不但赶上而且超过北方。从东汉末年到两宋之际，北方曾经出现过几次大动乱，迫使黄河流域人民南迁到淮汉、长江以至闽岭以南地区。南迁的人民不但给南方增添大量劳动力，而且带来先进的技术和文化，移民过程实际上是一种文化快速传播的过程。伴随着政局的动乱，魏晋以后出现了三次大规模的移民浪潮。

第一次移民浪潮出现在西晋永嘉丧乱之后，南来的北方侨民大都集中在淮水以南、太湖以北地区，使江淮一带的农业经济在东晋南朝时期取得长足的进步，将三国东吴以来南方已经加速开发的势头更加推向前进。隋唐的重新统一，黄河流域重新得到繁荣，关中仍称沃野，南北文化都臻于昌盛。

第二次移民浪潮出现在天宝末年的安史之乱。安史之乱使北方诸道成为荒无人烟的灾区，大批难民逃难到淮汉以南地区。这次大移民散布面比第一次要宽，在苏南浙北、江西北及中部和鄂南湘西北三个地区都集中了相当数量的移民。南方农业文化的发达从江淮一带向西扩展到中南地区，因此唐后期，"元和中，供岁赋者浙西、浙东、宣歙、淮南、江西、鄂岳、福建、湖南八道，户百四十四万，比天宝才四之一，兵食于官者八十三万，加天宝三之一，通以二户养一兵"①整个淮水以南至南岭以北地区成了维持唐后期中央政权的经济基础。扬州、成都成为全国最繁华的工商业城市，经济地位超过了长安、洛阳。有"天下之盛，扬为首"的说法，成都物产富饶，所以当时谚语称"扬一益二"。南方经济以安史之乱为转折点，已足与北方抗衡。北宋初年的人口统计表明南北户口之比已为三比二，北宋一代，南方的经济力量已经完全超过北方，所谓"今之沃壤，莫如吴越闽蜀"。南方北方人口数及占全国人口比例如表 1-1 所示。

---

① [宋]王应麟《玉海》"唐计帐·开元户部帐"。

表 1-1 南方、北方人口数及占全国人口比例

朝代	南方		北方	
	人口（户）	占全国户口数比例	人口（户）	占全国户口数比例
西汉	2 470 685	19.8%	9 985 785	80.2%
唐朝	3 920 415	43.2%	5 148 529	56.6%
北宋	11 240 760	62.9%	6 624 296	37.1%

靖康之难，金人南侵，宋王室辗转南逃杭州，各阶层的北方人随之南迁，形成第三次移民浪潮。

靖康二年（1127），赵构从河北南下到陪都南京应天府（河南商丘）即位为宋高宗，改元建炎。之后，宋高宗一路从淮河、长江，到杭州重新建立宋朝，升杭州为临安府，南宋（1127—1279）建立。南宋时期，中国经济中心南移的趋势不断加强，最终确定了南方在全国经济中的中心地位，南宋学者章如愚指出："天下地利古盛于北者，今盛于南。"[1]南宋国土较北宋减少约五分之二，但是农业生产最为发达的江浙、湖广、巴蜀诸地均在南宋境内。与东南江浙一带不同的是，四川没有遭受金灭北宋的兵燹破坏，因而农业生产得到较快发展。

宋高宗赵构绍兴三十一年（1161），南宋全国户口统计为11 364 377 户，24 202 300 口，至宋宁宗嘉定十六年（1223），全国户口统计为 12 670 800 户，28 320 000 口。依每户实际平均五口计算，南宋自孝宗至宁宗时，人口约有 6 000 万左右，四川人口约占总人口的 1/5 以上。随着人口的增多，垦田面积也不断扩大，"两川地狭生齿繁，无尺寸旷土"。在山陵地区，尤其是南方各路，还到处"垦山为田"，开垦了大批梯田。南宋农业精耕细作的方式进一步完善，农田单位面积产量提升，自四川至长江下游，一般可产米二至三石，还出现了亩产稻谷六七石的高产纪录。经济作物有相当大发

---

[1]《群书考索》续集卷四十九。转引自张邦炜、贾大泉《宋代四川经济发展的不平衡性》，《西南师范大学学报（人文社会科学版）》，1989 年第02 期。

展，川蜀地区茶园极多，甘蔗种植也很普遍，柑橘、桑麻、荔枝在福建、广南、川蜀种植也有多种，获利比种稻麦多至数倍。

就经济地位而言，四川与江南是宋代最主要的两大经济区。四川物产丰富，被称为"国之所资，民恃为命"的茶叶，四川的年产量高达 2 千万斤，几乎占全国茶叶年产量的 2/3。四川商税在北宋神宗熙宁七年（1074）约占全国总额的 26%，到了南宋，四川的经济地位越发重要，时人即指出"长江、剑阁以南，民户止当诸夏中分，而财赋所入当三分之二"①。绍兴三十年（1160），宋朝军粮不计四川"为米三百万斛"，而四川一地即供应军粮 156 万余斛，占总额的 1/3 以上。孝宗末年以后，南宋政府一年的缗钱总收入为 8 200 万贯，其中包括茶盐榷货、经总制钱、上供和买折帛、四川钱引等项，而四川钱引一项即达 3 300 万余贯，约占总收入的 40%。高宗时，南宋政府一年的酒税总额为 1 400 万贯，而四川一地即达 690 余万贯，约占总额的 40%。总之，几乎宋代经济的各个领域，四川都占有很大的比重和很高的地位。②

张邦炜、贾大泉在《宋代四川经济发展的不平衡性》一文中指出，就经济特点而言，四川历来具有相对的独立性。四川盆地群山环抱，北面剑门天下雄，东边三峡天下险，与外界来往十分困难；内部自然资源丰富多样，全国各地出产的东西，这里几乎应有尽有，封建经济的自给自足特性表现得格外明显。从地理环境和自然条件上说，两广与四川相仿，但两广开发较晚，经济发展水平远远赶不上四川。因此，就经济上的相对独立性而论，四川堪称全国之最。这正是四川何以在历史上容易形成地方势力、反复出现割据局面的物质基础和关键所在。由于蜀道难，四川与其他地区的经济往来仍然较少。当时大多数地区铜钱或铜铁钱兼用，唯独四川使用铁钱和

① 《群书考索》续集卷四十九。转引自张邦炜、贾大泉《宋代四川经济发展的不平衡性》，《西南师范大学学报（人文社会科学版）》，1989 年第 02 期。

② 张邦炜、贾大泉：《宋代四川经济发展的不平衡性》，《西南师范大学学报（人文社会科学版）》，1989 年第 02 期。

交子。这正是四川经济相对独立的具体反映。^①这种相对独立的经济，使四川地区在战时能够成为全国战争的大后方，这种大后方的地位在近代抗日战争中表现尤为突出，同时又使四川地区在自身面临战争时，能够独立支撑相当长的时间，这个特点在宋蒙战争期间表现得淋漓尽致。

四川就其内部来讲，大致可划分为三个区域：汉族居住区主要在平原、丘陵地带，经济比较发达；少数民族聚居区在盆周山区，生产相当落后；少数民族和汉族杂居区在盆地底部边缘地带，经济发展水平不高。泸州地区属梓州路，地处川南丘陵地带，"夷夏杂居""夏人少夷僚多"，生产比较粗放，"民俗半夷风，火田租赋薄""地无桑麻，每岁畲田"^②，这里尚处于刀耕火种阶段。按《元和郡县图志》载，唐代泸州即汉犍为郡之江阳、符二县之地，江阳是唐时泸州的州城，东晋穆帝桓温伐蜀"军次江阳"，"后为獠所没"^③，至北宋，这一带依然布满少数民族，《宋史·蛮夷传四》云："庆历初，泸州言：'管下溪峒十州，有唐及本朝所赐州额，今乌蛮王子得盖居其地。'"^④但是，阅读《宋史·蛮夷传四》，我们惊奇地发现，在今泸州、宜宾所属的县中，蛮夷之乱很少提到合江，当泸州州城"没于夷獠"时，反有东晋置安乐县、萧梁改安乐戍、北周置合江县的记载。因此我们判断，自秦汉以来很长的时间内，合江地区一直是华夏文化在川南一带的桥头堡，其经济文化发展水平长期居于毗邻地区之首，这种状况一直延至明清。乾隆二十七年编修的《合江县志》说：合江"崇山深菁，汉苗杂处，故属近水次冲，实贴临疆扼

① 张邦炜，贾大泉：《宋代四川经济发展的不平衡性》，《西南师范大学学报（人文社会科学版）》，1989 年第 02 期。
② 王象之《舆地纪胜》卷一百六十、卷一百五十三。转引自张邦炜、贾大泉《宋代四川经济发展的不平衡性》，《西南师范大学学报（人文社会科学版）》，1989 年第 02 期。
③ 李吉甫：《元和郡县图志·下》卷第三十三，北京：中华书局，1983 年，第 864 页。
④ 《宋史》卷四百九十六《列传》第二百五十五《蛮夷传四》，北京：中华书局，1977 年，14224 页。

要"①。"合江之为县，山多田少，地半硗瘠，人民以农为业，力于田亩。今虽齿繁食重，犹有余粟，分润境外"②。发达的经济水平，平时为合江地区的文教奠定了雄厚的基础，战时则可以为支撑战争提供了强有力的保障。

第三节　合江宋墓石刻产生的文化背景

陈寅恪先生曾说："华夏民族之文化，历数千载之演进，造极于赵宋之世。"③南宋时期中国古代文化发展进入一个高度繁荣阶段，哲学思想和文学艺术取得长足进步，发展到成熟阶段。

大凡乱世，需刚猛之学；天下统一，则须与民休息；民生安定，则须兴起教化。秦统一六国后，始皇帝曾说："吾前收天下书不中用者尽去之。悉召文学方士甚重，欲以致太平。"④可见秦始皇本意也要兴教化，只是时不及逮而已。汉兴经几十年休养生息，至武帝，儒学之兴盛已是水到渠成之势。两汉治经，渐有支离破碎倾向，至南北朝、隋唐而未改。汉学经世致用的气概消退，致有魏晋玄学兴起，按吕思勉先生的说法，魏晋玄学乃"儒学中注重原理的一派，与拘泥事迹的一派相对立"⑤。至宋代学术风气大变，汉唐时代的经学至宋转变为"宋学"，即以"理"作为宇宙最高本体，以"理"为哲学思辨结构最高范畴的理学。理学是佛教哲学和道家思想渗透到儒家哲学以后出现的新儒家学派。理学经北宋周敦颐、邵雍、张载和程颢、程颐的接续努力，建立了一套比较完整、有系统的哲学体系。南宋朱熹集理学之大成，"涵养需用敬，进学在致知"，致知之功，在于格物，理学家把格物致知的要求贯穿于生活之中，以"修

---

① 《合江县志》（乾隆版），卷二城池，第71页。
② 《合江县志》（民国版），上卷，第251页。
③ 邓广铭：《宋史职官志考证陈寅恪序》，《金明馆丛稿二编》，上海：上海古籍出版社，1980年，第245页。
④ 《史记》卷六《秦始皇本纪》，长沙：岳麓书社，1988年，第63页。
⑤ 吕思勉：《中国通史》，武汉：长江文艺出版社，2012年，第172页。

身""齐家"为宗旨，集儒家做人处世方法之大成，形成一套待人接物的生活礼仪。宋代科学技术的发展，特别是印刷术的广泛应用，对文化传播起了推动作用，除有利于广大平民子弟加入读书人的队伍中去外，更重要的是它能够使统治者的礼仪规范在短时间内迅速贯彻到基层，使一般民众广为知晓，进而成为社会约定俗成的规定。这些情况通过观察合江宋墓石刻可以得到证实。

宋代文化具有以下几个鲜明特征。

第一，完成了从唐代开始的中国传统文化主流的儒、道、释的融合，产生了影响整个中国封建社会后期的理学，形成了民族本位文化的理学思想。这一文化思想转型对宋代审美观和美学产生了深远影响，宋代美学的理论思辨水平，总体上比唐代有了明显的提高，宋代美学从总体上体现出尚"理"和"理趣"化倾向。儒、道、释思想融合的完成，使宋代日常文化呈现出新的特征与新的内容：一方面是产生受禅宗思想影响的居士文化，名人中以王安石、苏轼、黄庭坚等为代表，宋代诗人普遍喜欢写作充满哲理色彩的禅诗，一般人也深受影响。在穷乡僻壤和边鄙之地，居士文化同样盛行，合江宋墓出土的"宋故侯居士墓志铭"（详见第四章），既记载了居士日常的礼佛事佛，又记载了居士临终的打偈语；另一方面产生了受到士大夫影响的禅宗美学，"禅""悟""参"等成为宋代美学频繁出现的重要范畴，禅宗美学的影响在宋代日常文化中随处可见。

第二，作为文化传承与创造主体的士大夫群体的社会构成发生了根本转型，寒门、庶族士子成为士大夫群体主体成分。宋代在革除唐代科举制的弊端后，进一步完善了科举制。首先是放宽了录取范围，确立了三年一次的三级考试制度。科考分为三级：解试（州试）、省试（由礼部举行）和殿试，并开后世恩科的先例。宋代科举向士大夫广泛开放，除严禁有"大逆人"近亲、"不孝"、"不悌"、"工商杂类"、僧道还俗、废疾、吏胥、犯私罪等人应试外，对于各科举人，不重门第，只要考试合格，就可录用。据统计，两宋三百余年贡举登科者共有十一万人之多，平均每次录取人数是唐代的十倍左右。其次，一改唐代士子登科后还要经过吏部身、言、书、判的考试，才能走上仕途的规定，宋代士人及第即可释褐入官，吸引了广大知识分子参加科举。大多数举人出身于一般地主和殷富农民，还有少数工商子弟及官宦子弟，这就使得宋代士大夫阶层的结构发生了平民化的改变，政治家、学者兼诗人（文学家）成为宋代士大夫群体的总体特征。这一具有平民文化精神的新的文化主体，使宋代文化出现了一系列的新变化：一方面平民文化推崇平淡、平易的审美趣味成为美学主流，使得宋代除初期之外，文学艺术基本没有出现华丽、绮靡的风尚；一方面士大夫阶层受到政治家兼学者、诗人、文艺家的身份的影响，宋代文化被经世致用的观念笼罩，文道合一成为文学家与理学家的共同要求，文学艺术对学问、心灵世界的深究，理学对品行、节操、人格的推重，促使宋代士大夫具有高度书卷化、书斋化的特点，宋代文化因而具有讲法度、求精致的美学追求，整个社会美学追求趋向雅化，尚雅、尚清、尚逸、尚韵成为宋代时代文化风尚。特别突出地表现在各阶层均醉心花事，其流俗之影响延及市井陌巷、边鄙小县。《梦粱录》《东京梦华录》都有关于宋人卖花、买花的记载，合江宋墓石刻中有大量的花卉，泸州地区其他地方出土的石刻也有相同图像，考古工作者推测："从泸县宋墓中出土的墓志铭来看，墓主人大都是南宋中期一般的地方官绅。"[1]这些人品级都不高，流俗所致，他们都具有尚雅的趣旨，本书第三章有关内容对此进行了探讨。

第三，市民文化的崛起成为宋文化发展的最重要内容。中国古典城市格局是坊市制——众多封闭的居民区和与之隔离的独立市场区，城市通常设有成片的手工作坊和专门市场。市场设有市门，供车马人流出入。工商业者居住在市中或其附近，故《管子·大匡》谓："凡仕者近宫，不仕与耕者近门，工贾近市。"店肆为商贾居住与营业之所，称"市列""列肆"。市的开业时间都在白天，《太平御览》卷八百二十八引汉应劭《风俗通》："夜籴，俗说市买者当清旦

---

[1] 四川省文物考古研究所、成都市文物考古研究所、泸州市博物馆、泸县文物管理所：《泸县宋墓》，第 179 页。

而行，日中交易所有，夕时便罢无人也。"①唐朝中后期，坊市制开始突破。首先是交易时间延长，逐渐突破坊市交易时间的限制，本来市门击鼓启闭，但后来"向街开门，各逐便宜，无所拘限，因循既久，约勒甚难。或鼓未动即先开，或夜已深而未闭"②。宋代大都市的夜市能够持续到四更，距离早市开市仅仅一个时辰，还不受气候和季节的影响，寒冬大雨雪中，也有夜市盘卖。《都城纪胜》载南宋临安："其夜市除大内前外，诸处亦然，惟中瓦前最胜，扑卖奇巧器皿百色物件，与日间无异。其余坊巷市井，买卖关扑，酒楼歌馆，直至四鼓后方静；而五鼓朝马将动，其有趁卖早市者，复起开张。无论四时皆然。"③市场的空间形态也逐渐改变，一些城市出现增设店铺或破墙开店等现象，城郊草市兴起，进一步促使坊市制解体。宋代的郊区，称为"附郭"，城市市场空间发生根本变化，市场从专门的"市"渗透到居民区的"坊"，并扩展到城墙之外，城市的封闭状态和城乡隔离被打破，草市成为城乡交易的场所，附郭草市受到城里人和农村人的欢迎，城外筑城现象普遍，坊市制终于终结。苏轼曾指出，一些小城市"人多散在城外，谓之草市者甚重"④。城市的发展，促使人口向城市汇集，在宋代，大中城市周围附郭草市比比皆是，人口也很多。由此宋代产生了我国人口统计的一个重要变化，城市中的非农业人口单独列为坊郭户，城乡人口的划分肇始于此。由于商品经济的发展，城市作为地区经济中心的地位大大加强，手工业特色城市、对外贸易特色城市的大量涌现，使得城市在地区间商品流通中的枢纽作用更加突出，城市的经济职能开始占据比较重要的位置。

　　城市的兴起必然要求有与之适应的市民文化。市民阶层的主体，

---

① 《太平御览》卷八二八"资产部八·卖买"，孙雍长、熊毓兰点校，石家庄：河北教育出版社，1994年，第709页。
② 《唐会要》卷八十六《街巷》。
③ [宋]耐得翁《都城纪胜·市井》，北京：中国商业出版社，1982年，第3页。
④ [宋]苏轼《乞罢宿州修城状》，http://bbs.my0557.cn/forum.php?mod=viewthread&tid=223701。

是从事商业和手工业为主的，市民的生活方式与思想观念和农民相比有着明显的不同。从个体来说，市民不须像农民那样一年遵守严格的农时，在工作与休息的时间分配上，有比较大的自主性，空闲时间较多；从整体来看，市民从事的行业多种多样，忙与闲的时间也各自不同，不像农民那样有整齐明确的农忙与农闲的区分。这样，在时间上，无论是在一天中还是一年中，市民都要求城市的工商业能够为他们提供几乎是不间断的服务；在空间上，市民分散地居住在城市的各个角落，也要求工商业能够根据他们的分布而灵活地分布，而不是根据统治者的规定分布。都市繁华走向世俗化，市民文艺便得到孕育。生活优裕的士大夫与劳动阶层比邻而居，朝夕相对，促进了市民阶层的和地区性的贸易市场俗文化发展，从而孕育出一系列与雅文化不同美学精神的俗文化。人们几乎可以从宋代寻找到所有的通俗性审美意识和审美形式，影响了审美的观念、形态和趋向。柳永词、话本小说和市肆风俗画便是其代表，从绘画长卷《清明上河图》中感受到的是世俗市民气息。

合江地区，在川滇黔边区开发较早，汉武帝时期即设县，是长江上游三个最早设县的地区，文教一向发达。境内文庙早在北宋时期即已建成。乾隆《合江县志》卷二"学校"记载："文庙，在县西，宋元祐间建。"[1]我们前面已经判断，合江地区一直是华夏文化在川南一带的桥头堡，因此，相应地宋代发达的城镇经济孕育了发达的市民文化。宋文化雅的美学追求和俗的大众取向，在民间文化中得到完美结合，这一点合江地区不应例外，数量庞大的宋墓石刻是这个判断的重要证据。

---

[1]（乾隆）《合江县志》卷二《学校》，第76页。

第二章
合江宋墓的分布和形制

人类将死者的尸体或尸体的残余按一定的方式放置在特定的场所，称为"葬"；用以放置尸体或残余的固定设施，称为"墓"。在考古学上，两者合称为"墓葬"。古代墓葬是考古调查发掘的对象之一，通过对古代墓葬的分类和各种专门内容的比较研究，可以了解到那个社会的埋葬习俗、意识形态、思想信仰、阶级关系，乃至物质文化、经济状况等。

第一节　古代墓葬形制演变

中国至迟在旧石器时代晚期已有墓葬。山顶洞人埋葬的发现，说明在旧石器时代晚期，已出现按一定方式埋葬死者的习俗。新石器时代，墓葬已有了一定的制度，墓圹一般是长方形或方形的竖穴式土坑，墓坑一般小而浅，仅能容纳尸体。新石器时代晚期，有些地区已用木棺作葬具。在大汶口文化的后期，少数墓坑面积甚大，坑内沿四壁用木材垒筑，上面又用木材铺盖，构成了木椁。大汶口文化后期的少数大墓，随葬的陶器有多至 100 余件，猪头多达十余个，说明这一时期已出现了穷富分化的现象。

夏文化的代表二里头遗址发掘的墓葬，有数百座之多，但大部分为中小型墓，这些墓葬规模虽然不大，但随葬品十分丰富。在殷代和西周，即使是大规模的墓，地面上也无坟丘，这就是《礼记·檀弓上》所说的"古也墓而不坟"。郑玄注:"土之高者曰坟。"商代的墓葬制度有严格的阶级和等级的差别,统治者的陵墓有着十分宏大的规模。河南省安阳的商王陵墓,有"亚字形墓"和"中字形墓"。亚字形墓的墓室,是一个巨大的方形或亚字形的竖穴式土坑,四面各有一个墓道。商王和各级贵族的墓,都用木材筑成椁室。平民的墓,有的有棺有椁,有的有棺无椁。各种类型的墓,都在墓底的正中设一长方形的小型坑穴,其位置正当墓主人尸体腰部之下,故称"腰坑",坑内埋一殉葬的人或狗。

图 2-1 河南安阳武官村大墓

中国古代尤重先祖,对逝去的祖先充满崇敬之情。荀子说:"礼有三本:天地者,生之本也;先祖者,类之本也;君师者,治之本也。……无先祖,恶出。"①对逝去的先祖,从安葬到祭祀,都做出了许多规范性的规定。西周的墓制承袭商代。周代的棺椁制度有严格的等级,即所谓"天子棺椁十重,诸侯五重,大夫三重,士再重"②。西周已经有了合葬制度,其方式为夫妻分别葬在两个互相紧靠的墓坑中,即所谓"异穴合葬"。春秋、战国时代,这种异穴合葬的制度更为普遍。春秋晚期和战国时代,有些地区的大墓,已经在地面筑有坟丘。《汉书·刘向传》说:"秦惠文、武、昭、严、襄五王,皆大作丘陇。"③晋灼注:"丘陇,家坟也。"坟丘一般用夯土筑成,有

① 《荀子·礼论》,上海:上海古籍出版社,1989年,第111页。
② 《荀子·礼论》,上海:上海古籍出版社,1989年,第113页。
③ 《汉书·刘向传》,北京:中华书局,2007年,第403页。

的呈方锥状。战国时代，墓室仍然保持商、西周以来的形制，有的在墓室的两面设墓道。这时的大墓，往往在墓室内积石以加固，积炭以御湿，棺椁仍然存在严格的等级制度。由于生产的发展，手工业的发达，贵族墓内的随葬物，在种类、数量和质量方面都达到空前的水平。下层贵族和富裕庶民，多在墓中用仿青铜礼器的陶"礼器"随葬。在关中和中原地区的战国晚期小型墓中，出现了横穴式的土洞墓室，也有用一种体积庞大的空心砖筑椁室以代替木椁的。

秦和西汉前期，贵族仍沿用竖穴式土坑墓，墓中设木椁。西汉中期开始，盛行用横穴式洞穴作墓圹，用砖和石料筑墓室，在形制上模仿现实生活中的房屋。这是中国古代墓制的一个大变化。这种变化首先发生在黄河流域，然后普及各地。河北省满城汉墓和山东省曲阜九龙山汉墓是西汉中期新兴的横穴式墓的代表。它们在山崖中穿凿巨大的洞穴，作为墓室，故称"崖墓"，形制和结构完全模仿房屋。九龙山汉墓位于曲阜城南 9 千米处的九龙山南麓，是西汉诸鲁王的陵墓。陵墓依山开凿，是中国最大的山崖墓群。

图 2-2　河北满城汉墓墓室

西汉中晚期，在中原和关中一带开始出现用小型砖筑造的墓，一般称为"砖室墓"。到了东汉，砖室墓迅速普及，成为全国各地最常见的一种墓。贵族官僚们的砖室墓规模较大，结构复杂，布局模仿他们的府第。许多墓里还绘有彩色壁画。西汉晚期开始出现的石室墓，到东汉在某些地区盛极一时。墓室中雕刻着画像，故称"画像石墓"。墓室的结构和布局，也是仿照现实生活中的住宅。在四川各地，东汉及其以后还流行崖墓。中国古代棺椁并称，都属葬具。西汉中期以后的各种横穴式墓，特别是东汉的砖室墓和石室墓，墓室本身就起了椁的作用，可称"砖椁"和"石椁"，而墓室内的葬具则是有棺无椁。西汉前期和中期，主要随葬生前的实用器。西汉中期以后，增添了各种专为随葬而做的陶质明器，包括仓、灶、井、磨、楼阁等模型和猪、狗、鸡等陶偶像。到了东汉，明器的种类和数量愈多。这是中国古代墓葬在随葬品方面的一次大变革。

图 2-3　四川合江鱼天堂东汉崖墓

　　魏晋南北朝时期的墓葬制度，大体上承袭汉代。自魏晋以降，规模宏大、雕刻精致的画像石墓已很少见了。贵族官僚的墓，一般都是砖室墓，有时设石门。在黄河流域，砖室墓的墓道甚长，其接近墓室的部分是一段隧道。随着年代的推移，隧道逐渐加长。到了北魏，有的墓在隧道的顶部开天井，直通地面。从汉末、魏晋开始，各地都流行在墓室中设棺床。在长江流域的晋墓中，有时还有灯龛和台桌。这些结构和设施，都是用砖砌成，使得墓室更像现实生活中的居室。长江流域的东晋和南朝，流行用模印着画像的砖来装饰墓壁。汉代流行的仓、灶、井、磨等陶制模型和家禽、家畜的陶制偶像继续沿用，但往往形体不大，制作粗简。墓中的主要随葬品，是各种陶俑。从两晋以迄南北朝，时代愈晚，俑的种类和数量愈多。起初是少数男女侍者和武士，大约从五代十六国时期开始，又大量增添骑兵、步卒、文吏、武弁以及吹鼓手之类。北魏后期，在墓门的两侧，还往往有一对形体特别高大的守门卫士俑。魏晋南北朝时代开始在墓内置墓志。两晋的墓志，或为石质，或为砖质，形状多为长方形。

以黄河流域为主的北方地区，北魏以来的墓葬制度，经隋代，至于盛唐，一脉相承。当时贵族官僚的大墓，都是采用斜坡式的墓道，包括一段很长的隧道；隧道顶部开天井，两壁设龛。隋代流行以土洞为墓室，入唐以后，则多采用砖室，土洞墓已降为低级官吏或平民所用。唐代关中地区墓葬，地面设施包括垣墙、阙楼、封土、墓碑、祭祀场所、墓树，地下结构分为双石砖墓、双石土洞墓、单石砖墓、单石土洞墓四大类。双石砖墓和双石土洞墓大约出现在高宗执政后，玄宗前期消失，单石砖墓是唐代延续时间最长的墓葬形制。唐代葬具包括石棺椁和木棺两大类。早期石棺形制不一，开间小，进深短，没有庑殿顶石椁，后期石棺形制统一，均为庑殿顶。木棺是唐代最常见的葬具，有头大尾小的梯形木棺和长方形的箱型木棺两种形制。棺床以砖棺床最为常见，石棺床三品以上官员才能使用，普通人多用土棺床或不设棺床，棺床平面以长方形为主，封门按墓主身份采用不同材质，石门规格最高，木门次之，土坯再次之。

从初唐到盛唐，贵族、官僚墓中流行壁画。一般是墓道前部两壁各绘青龙、白虎，墓室顶部绘日、月、星辰，其他则有鞍马、明驼、牛车、列戟、步骑仪卫、属吏、男女侍者以及乐舞伎等，各绘在墓内的相应部位，其内容和规格视墓主人的身份而有所区别。随葬品以大量的陶俑为主。安史之乱以后，唐代墓葬制度发生了显著的变化。首先是墓的构造简化，短而狭的竖井式墓道代替了斜坡式的长墓道，小龛也由墓道向甬道、墓室转移。墓室的规模缩小，壁画也十分罕见。长江以南广大地区的唐墓，有竖穴式土坑墓和砖室墓两类，形制简单，规模甚小。砖室墓多为长方形，有的两室并列，夫妻各葬一室。根据齐东方的研究，圆形墓是北方唐墓的主要形制，唐代初年就已盛行，并在武则天时期出现仿木结构，入宋后，圆形墓开始在中原流行，根据秦大树1996年的统计，中原北方的90座宋代砖室墓中，有17座圆形砖室墓，主要分布在宋代的京东路、河北路和河东路，1007年下葬的宋元德李后陵也采用了圆形墓的形制。①

中原和北方地区的北宋墓，最富有特色的是一种仿木结构建筑的砖室墓。北宋初年，墓室内的仿木结构还很简单。到北宋中期，才达到成熟的程度，从而成为一种特殊类型的砖室墓。宋代的仿木建筑砖室壁画墓是从晚唐五代时期简单的仿木建筑砖室墓发展出来的，这种形式的墓室从北宋中期以后，特别是神宗以后，在中原地区普遍流行。一般多为单室墓，后期较大的墓则分前后两室。墓内多用壁画或雕砖作装饰，其内容主要是表现墓主人的日常生活，墓室的后壁，则往往有"妇女掩门"雕砖。四川省境内的宋墓，除砖室墓外，还流行石室墓，后者多有雕刻。

南宋统治区域大为缩小，墓葬形制分为长江下游、长江中游、长江上游及闽广四个区域。长江下游地区主要包括浙江省、上海市以及安徽、江苏两省淮河以南地区。南宋时期该地区的墓葬形式包括石室墓、砖室券顶墓、竖穴土坑墓，主要流行砖室石顶墓，墓底多以砖或石铺成，一般墓壁带有壁龛。理宗朝（1225—1227）以后，砖室石顶墓减少，砖室券顶墓增多。长江中游地区主要包括今天的湖南、湖北、江西省部分地区，即南宋荆湖南路、荆湖北路、江南西路所辖地区。其中，湖南地区南宋时期较多出现长方形砖石墓和石椁木棺墓，江西地区墓葬面貌与长江下游江浙地区较为接近。长江上游地区主要包含今四川、重庆及贵州部分地区，其中成都平原受到长江下游影响较大，墓葬形制较为接近。而成都平原周边山区及重庆、贵州等地，则明显受到北方地区宋墓影响。福建地区墓葬形制在南宋时期主要包括券顶单石砖墓、并列双室砖室石顶墓，并出现方形石室墓及石室砖椁墓。②

有学者提出了南宋各地区墓葬形制是由本地传统而来，抑或受到北人南渡影响所致的问题。考古发现，长江下游地区自南朝以来

---

① 黄义军：《湖北宋墓分布的地域差异及其产生的原因》，《江汉考古》，2008年第3期。

② 金连玉：《南宋北方移民墓葬初探——以墓葬形制为中心》，《四川文物》，2015年第2期。

以带甬道的平面"凸"字形及长方形砖室墓最为流行。北宋时期，主要流行长方形竖穴土坑墓、长方形砖室券顶墓，以及砖室石顶墓，特别是砖室石顶墓在仁宗朝以后十分流行，墓壁多无装饰。长江中游地区，隋唐墓葬主要包括竖穴土坑墓和砖石墓葬两种。北宋以后，荆湖南、北路及江南西路墓葬，表现出不同面貌，基本上继承隋唐五代以来的墓葬形制，墓葬多无装饰，而以墓室坚固、棺椁密封、具备良好防盗和防腐条件为目标。长江上游地区，以成都平原为中心的四川地区，是宋墓发现较多的地区。隋唐时期，成都平原的墓葬形制基本上为长方形、梯形、窄双凸字形砖室墓，四川东部地区墓葬平面多呈窄凸字形。至五代、北宋，本地继续流行隋唐以来的墓葬形制，以长方形单室或双室券顶砖室墓为主，北宋以后，墓室或为砖建，或为石构，或为单室，或为夫妻同坟异穴墓。闽广地区北宋前期以长方形券顶单墓、长方形券顶并列双室、土坑竖穴较为流行，后期形制丰富，流行带过道并列双室墓、石室墓、砖石混筑墓，砖室石顶墓最为流行。综合各地的发现，长方形砖室墓、石室墓均为具有本地墓葬传统的墓葬形制，北宋中期至南宋，在南方地区普遍流行砖室石顶墓，推测基本由本地墓葬传统发展而来。①

宋代官方有明确的政令禁止使用石墓室。《宋史》卷一百二十四《礼志》"诏葬"条载："诸葬不得以石为棺椁及石室，其棺椁皆不得雕镂制画，施牖槛，棺内不得藏金宝珠玉。"②中原地区因遵循这一葬制而极少有石室墓，大幅的墓室石雕更是罕见，目前所发现的石室墓均为品官墓葬或官吏家族墓。但石室墓在南方及四川地区屡有发现。四川、重庆地区，除成都平原流行的长方形砖室墓外，石室墓较常见。石室墓多分布于近山区的广元、昭化、绵阳、金堂、彭山、宜宾、泸州、大足等地。这些石室墓用石条砌筑，常使用券顶，多带大幅雕刻。南宋时墓室多为双室，或并列或前后分布。墓室雕刻内容丰富，有仿木建筑构件和壁龛，近门处多为武士，四壁有四

---

① 金连玉：《南宋北方移民墓葬初探——以墓葬形制为中心》，《四川文物》，2015 年第 2 期。
②《宋史》卷一百二十四《礼志》诏"葬条"。

神，采用减地浮雕的方法雕刻在长方形的石板上，高约 130～180 厘米、宽约 40～50 厘米、厚约 15～20 厘米。

第二节　合江周边的宋墓分布情况

石室墓，在南宋时期的四川地区很流行，川西、川南、川东、川北、川中及渝西、黔北均有发现。泸州是川南代表，境内泸县、合江是宋墓出土大户。就目前考古发现和科学调查的情况看，泸州地区宋代石室墓包括了单室墓、双室墓、多室墓等多种形态，单室墓的平面布局主要由墓道、墓门和墓室组成，墓门或为条石封砌或为可开闭石门，墓室平面大多为长方形，墓室中间多有石板拼成的棺台，墓室左右两壁和后壁砌壁龛，墓顶通常为盝顶或藻井式顶。双室墓各室的结构与单墓室基本一致，或有两单室墓紧邻于同一墓圹者，或有双室墓共用一壁者，亦有共用一壁在壁上开凿通道者，应皆属四川地区"同坟异葬"之典型形式。[①]泸县是泸州地区发现宋墓较多的县，泸县在 2002 年经国家文物局批准，对奇峰、青龙、喻寺等部分宋墓进行抢救性发掘，泸县宋墓于 2006 年 5 月被国务院公布为全国重点文物保护单位。据统计，已经调查发现的宋墓群有 165 处以上，每个墓群少则有数座墓葬，多则有数十座。[②]在泸县大量发现宋墓石刻基础上，西南地区唯一的一座宋代时刻专题博物馆——四川·泸县宋代石刻博物馆已竣工。

随着各地建设事业的开展，宋代石室墓越来越多地被发现。

2009 年 3 至 4 月，为配合纳（纳溪区）黔（贵州大方县）高速公路建设工程，四川省文物考古研究院联合泸州市博物馆、叙永县文物管理所等单位，对沿线多处文物点进行了清理发掘工作。在距叙永县县城约 18 千米的天池镇共清理出了 4 座宋代石室墓。这批墓

---

① 泸州市博物馆：《泸州市博物馆藏宋墓石刻精品·序》，北京：中华书局，2016 年。

② 政协泸县委员会：《泸县宋代石刻》，第 12 页。

葬均属南宋时期的小型仿木构石室墓，保存较完整，发现青龙、白虎、武士图像以及影作木构建筑，出土一批有一定科研价值的遗物，丰富了川南地区宋代仿木构石室墓的类型资料。①

2013 年 8 月，在泸州云龙机场建设前的文物普查过程中，在龙马潭区石洞镇雨珠岩村 6 组发现一座宋代双室墓。龙马潭区文物管理所会同四川省考古院专家抢救出较为完整的石刻文物 8 件，主要是深浮雕人物和动物画像。②

图 2-4　龙马潭宋代双室墓

图 2-5　龙马潭宋墓男人像

图 2-6　龙马潭宋墓女人像

2013 年 10 月，江阳区江北镇桥头山发现一座宋墓，经抢救发掘，该墓为宋代夫妻双室石墓，占地约 50 平方米。墓室采用仿木结构建筑，室构件均由青白石雕凿而成，分为前厅和夫妻两室，墓内石刻内容丰富，有花卉、武士、侍女、男女墓主像等，雕刻手法多样，有线刻、深浮雕、浅浮雕等。③

2014 年 7 月，纳溪区渠坝镇清凉村 6 组的村民在修筑村级公路

---

① 任江、岳勋文、陈洪彬等：《四川叙永天池宋墓清理简报》，《四川文物》，2010 年第 02 期。

② 四川在线：泸州龙马潭区石洞镇发现宋代双石墓，http://www.scol.cn（2013-08-27）。

③ 泸州网：泸州江阳：抢救发掘"川南少见"宋墓，http://www.luzhoutv.com/contents/372/20131015/158838.html。

时，发现一座南宋石室墓。据现场勘察，该墓为双人墓，坐落于纳溪区渠坝镇清凉村 6 组石包湾半山坡处，被深深地埋藏在泥土里。古墓坐西向东，占地约 10 平方米，墓室四周被坚硬的条石团团围住，整个造型如同房屋结构，双墓之间用雕刻精美的条石分隔，整个古墓保存完整。古墓长约 2 米、宽 1 米、高 2 米。墓室内石刻图案丰富，左右双壁雕刻的图案均为青龙和白虎。双墓尾部雕刻图案各有不同，左墓墓室尾部雕刻图案为两名武士俑，侍立在一把椅子旁；右墓墓室尾部雕刻图案为仕女图。墓室四周的条石均刻有精美的花纹或条纹，清晰可见。①

2016 年 12 月 5 日，在泸县兆雅镇永和村 7 组，一农户在进行宅基地复耕的时候，发现了一座宋代双室石墓。②

图 2-7 纳溪区渠坝镇清凉村 6 组发现的宋墓

图 2-8 泸县兆雅镇永和村 7 组发现的宋墓

在四川其他地方，近年也不断有宋墓发现。如 2011 年 3 月，南

---

① 华西都市报：泸州纳溪区渠坝镇发现宋代夫妻合墓，2014-07-24。
② 泸州网：泸县一农户进行宅基地复耕时 发现宋代双室石墓，http://www.weblz.com.cn/contents/735/ 2016127/259227.html。

充南部县发现 4 处石室墓，两处坐西朝东，两处坐东向西，墓室均由条石砌成。墓室的最里端各有一个龛台，墓室壁的顶端和底端都有石刻花纹，顶端的文字较为清晰。坐西向东的墓室内文字表明，墓室建于宋光宗绍熙（1190—1194）年间，坐东向西的石室墓建于宋嘉定二年（1210）。4 座石室墓占地总面积不足 50 平方米，每一座墓均相互独立，墓室的上方有盗孔，墓室内除了散落的铜钱和破碎的陶瓷片外，没有发现其他随葬物品。[1]2015 年 4 月，广汉连山镇五一村发现豪华宋墓，经测量，整座古墓高 2.7 米，内室高 2.2 米。墓室两边的侧室分别有三个门通往主室，两边的侧室分别有多个龛，主室还有一个头龛。古墓有三个比较有特色的地方，一是两层券顶中，内里的第一层券顶有两个地方是平铺砖，夹在立砖中间，像是两条"腰带"；二是在两边侧室的中间部位，都有一个"藻井"，相当于现代房屋的天花板；三是墓室内部有 10 多个仿木建筑结构的"斗拱"，用来承重，以防墓上面的券砖掉下。[2]2015 年 5 月广安邻水发现两座高 2.6 米，由巨大条石砌成的南宋石室墓，墓室两侧门柱上，是身着头盔铠甲的执戟武士浮雕。而墓室内宽 1.4 米、进深 3 米。墓室正中的墓台四周，细心修筑了排水沟。墓室积水通过水沟、穿过墓门挡门石上的一个小洞和墓门外的水沟顺势流出。[3]

上述各地发现的宋墓，形制都差不多，造型如同房屋结构，窗户、大门、梁柱一应俱全。石雕图像武士、侍女，喜用大象、人物、朱雀、虎、羊、内侍、瑞兽、带翼四足动物，以示尊贵，代表吉祥。大量形制相似的宋代石室墓，既是一个时代特有的民俗现象的反映，更是一个时代文化精神的体现，这一点我们将在第四章、第五章中展开具体论述。

---

①　四川在线：南充一建筑工地发现宋代石室墓群，现精美石刻，http://cd.qq.com/a/20110320/000012.htm。

②　四川新闻网：四川广汉发现豪华宋墓，随葬品被偷仅剩几枚铜钱，http://sc.sina.com.cn/news/m/2015-04-20/detail-ichmifpy8977384.shtml。

③　人民网：四川广安发现南宋石室墓，可自动排水，http://env.people.com.cn/n/2015/0509/c1010-26973137.html。

第三节　合江宋墓的发现和形制

合江是泸州宋代石室墓分布很广的地区。在境内各个乡镇均有分布，数量多，约有上百座，但多数或早年被盗，或在农田基本建设、修房造屋、城市开发中被破坏，现今保存完整的宋墓极为稀少，也极为珍贵。根据 2011 年合江县文物普查，已裸露并发现的宋代墓葬有 100 多座。最集中的榕右乡一个乡就已发现 60 多座。每座墓葬均有大量石刻。合江县文物局从保护的角度出发，对裸露的墓葬全部进行回土填埋。只对极少数不能回土填埋的墓进行了抢救性清理，已经清理收藏宋代石刻一百余件。在合江县汉棺博物馆中，收藏陈列的是抢救性清理和零星的收藏品，画像石刻主要分布在墓门门柱、墓室左右两壁和后壁的石龛上。

宋代石室墓，俗称"生基"。"生基"又作"深基"，是死者生前预建的墓穴，"生基"是川南、渝西、黔北一带老百姓对宋明石室墓的称呼。"生基"顾名思义即生命之基，其来源源远流长，道家"藏魂寄魄""天地人合一"的修炼之说，可以视为生基的思想来源，而帝王们从即位之始即开始营造的陵墓，可以视为生基的现实示范。"生基墓"在唐代即有记载：姚崇自筑寿藏于万安山，预作寿终之寿坟。在宋、元、明等朝代的四川重庆地区较为流行，民俗赋予其催官、增寿、求子、招财的功能。至今川南一带山区，仍有死者生前为自己预制墓室的习俗。①"生基"是生者逝去后灵与肉的生活安顿之处，建造生基与过去农村老人早早地为自己制作棺木，棺木摆在家中正厅，老人一遍遍地刷漆，还要时不时躺进去感受一番是同一种心态。生基又名寿藏、寿坟、寿穴、寿域、寿基。考古发现，普遍建造生基的习俗可上溯至两宋，当时的称谓是"寿堂"，因此"寿

---

① 泸州所辖的古蔺县，至今民间仍有"种生基"的说法，当地老人传说，"种生基"的花费较高，只有旧时的富商或达官贵人才会这样做。

堂"与"生基"是同一回事。宋代预建寿堂，既有石室墓，也有砖室墓。成都金鱼村发现的一座宋墓中出土有两块"买地券"，其中一块上书铭文，曰"预造千年吉宅，百载寿堂"，①泸县牛滩征集到的一通题额为"张氏族谱"的石碑，石碑文末指明："……将被恩宠以荣及祖宗焉，庆吉之日始叙其略勋□，建于寿堂之□，以昭来世之□。"②

图 2-9　泸县牛滩《张氏族谱》石碑（长 92 cm，宽 53 cm）③

　　宋代石室墓多系用石材构筑仿木结构。其建造方法是先挖墓圹并深过岩层，四周再用雕刻了各种造像的条石、石块砌成墓室，墓室建成后高出地面，地面上垒砌封土。合江宋墓群主要是南宋中、晚期的官绅石室墓葬。其形制统一，均为竖穴长方形墓葬，除少数为双室或多室外，多为单室墓，结构完备，分别由墓道、排水沟、封门石、墓门、甬道、墓室、壁龛、肋柱、棺台和后龛组成。墓葬系条石构筑。墓室大致长 3.5 米、宽 1.7 米、高 2 米左右。墓道底部设排水沟。墓门由门柱、门梁构成，门外两侧置八字挡墙，用规格不一的条石砌成。墓门亦用 3~5 块条石封门。墓室正中则用条石铺成棺台，墓顶有藻井式、盝顶式和人字形顶。墓葬用石材构筑，仿

① 霍巍：《泸州宋墓的时代特征》，《泸州市博物馆藏宋墓石刻精品》，北京：中华书局，2016 年，第 201 页。
② 霍巍：《泸州宋墓的时代特征》，《泸州市博物馆藏宋墓石刻精品》，北京：中华书局，2016 年，第 201 页。
③ 政协泸县委员会：《泸县文史》第十五辑《泸县宋代石刻》，第 124 页。

木结构建造。墓室两侧壁和后壁均设有壁龛、后龛。墓室正中设置棺台。墓室几乎都有石刻，而且艺术精湛。榕右乡古坟嘴宋墓群、白米乡桃子岩墓群、白鹿镇大坟坝墓群等是其中具代表性的墓群。①

古坟嘴宋墓群位于合江县榕右乡永安村 14 社磨盘田，海拔高程 334 米，坐东南向西北。北面约 500 米为水清山，南面约 300 米为溪水，东面约 1 000 米为榕山。墓群分布在长 1 000 米，宽 1000 米的山埂上，出露 40 个墓。墓与墓之间的距离最长 10 米，最短 1 米，占地面积 1 万多平方米。

图 2-10 古坟嘴宋墓 M39 号墓

桃子岩墓群位于合江县白米乡龙聚村 1 社桃子岩，海拔高程 315 米，东南距榕山约 1 000 米。桃子岩墓群有墓 6 座，为宋代普通石室墓群，坐西北向东南，占地面积 100 平方米。墓室顶部平整，土冢呈不规则形。其中一座墓门宽 1.1 米，高 1.65 米，门柱宽 0.28 米，门柱厚 0.53 米，墓室宽 1.66 米，高 1.76 米，深度 2.42 米。墓冢长 5.4 米，头宽 2.7 米，尾宽 2.2 米，高 2.2 米。墓室内左右壁刻有浅浮雕人物画像，门柱内侧凿镇墓俑，墓室后壁有墓主人像。其余墓大体一致，墓室内雕刻精美。

大坟坝墓群位于合江县白鹿镇尹坪村 11 社大坟坝，为南宋墓葬。坐西向东，有墓六座，纵向排列分布在小山上。东边 1 000 米为池塘山，南边 150 米是青干山，西边 100 米是观音坝山，北边 400 米

---

① 四川在线：泸州：灿烂艺术文明之瑰宝，合江宋代石刻探秘，http：//roll. sohu.com/20120329/n339303813.shtml。

是金佛寺后山。墓室间的距离均为 6 米，占地面积为 72 平方米。以已发掘的 M1 为例进行测量，墓室呈长方形，墓室出露宽 2 米，长 6 米，高 1.5 米，门柱及后龛上均雕刻有武士及花鸟图。

图 2-11　桃子岩墓室

与其他地方一样，合江县在近年的建设施工中，古墓葬被不断地发现。

2010 年 10 月，合江县榕右乡永安村 14 社境内，发现了一处墓葬，规模庞大，墓葬年代横跨宋、明、清三代，其中最大的一个宋墓，空间高敞，高达 3.8 米，里面排列着精美的镇墓武士和其他石刻，历经千年依然栩栩如生。最让人称奇的是墓室里出土了一棵全由石头雕刻而成的石树，重达好几吨。墓内发现了一块写满文字的墓志铭，这是合江有史以来出土的第一块墓志铭，填补了合江考古史上的一个空白。该墓志铭名为"宋故侯居士墓志铭"，墓志铭高 120 厘米，宽 70 厘米，铭文 1 145 字。整个墓志铭以宋体书法为主，行书、简化字兼有，书法流畅。墓志铭的年代为宋高宗八年（1134），记载了墓主人平生变迁之事，反映了合江当时的社会、生活情况。[①]

2013 年 1 月，合江县佛荫镇沙坎片区一村民在自家的宅基地作业，发现一处古墓，挖出了几块青石板，上面刻有武士像，经专家初步鉴定，确定该古墓为宋朝时期的小型规模墓葬。[②]

---

① 四川工人日报：合江发现最豪华宋墓，2010-10-28。
② 四川在线：泸州合江发现古墓 专家：宋朝时期小规模墓葬，http://cd. qq.com/a/20130123/000375.htm。

图 2-12　沙坎宋墓中的武士像

2013 年 5 月，合江县榕右乡新发现完整的龟形宋墓。墓共三座，该墓群位于合江县榕右乡永安村 14 社滩口上泡桐湾的杂树林的砂土丘上，东经 105°56′25″，北纬 28°49′12″，海拔 305 米。坐南向北，占地面积 100 平方米，分别编号 M1、M2 和 M3。M1 和 M2 相距 1.32 米，从清理出的外观来看，两墓顶部均由四层不规则的青白石砌成龟形图样。龟长 3.05 米，宽 2.35 米，高 1.35 米。编号为 M1 的古墓通宽 2.2 米、进深 4.13 米、高 2.5 米。墓室甬道两侧雕刻高浮雕持剑、斧武士，左右侧龛门柱后雕刻倚门侍女，门扇装饰花卉及瑞兽图，龛上横梁分别雕刻青龙、白虎。后龛雕刻男墓主人像，男墓主人端坐于圈椅之上，头戴冠帽，身着圆领长袍，左侧站立一名交手恭立侍者，后侧雕刻一扇花卉屏风。墓室顶部为仿藻井顶，浮雕花卉图案。M2 墓室甬道两侧同样雕刻了高浮雕持斧、剑武士像，左右侧龛雕刻门柱及双扇门，门柱八边形，柱础为圆形，饰有浅浮雕莲瓣纹，双扇门上雕刻高浮雕花卉、瑞兽。比较有意思的是，后龛前雕刻仿木结构房屋，龛内雕刻女墓主人像，墓主人端坐于圈椅上，头挽高髻，身着窄袖对襟长袍，双手拢于袖，置于膝上。刚好与 M1 的男墓主人像形成对照。M3 布局和 M1、M2 一样，甬道两侧雕刻高浮雕武士像，左侧侧龛雕刻双开门扇，装饰花卉、瑞兽，右侧侧龛雕刻花卉屏风，龛上横梁雕刻青龙、白虎，后龛雕刻持物侍女和持

镜侍女。^①

图 2-13　合江县榕右乡永安村宋石室墓

图 2-14　合江县榕右乡
永安村宋石室墓墓室

图 2-15　合江县榕右乡
永安村宋石室墓石刻

　　2013 年 8 月,合江县白沙镇在旧城改造拆迁时发现了一间古墓。经专家现场察看,认定该墓为宋代石室墓,该墓位于白沙镇建设路社区张家院,坐西向东,东经 105°45′5″,北纬 28°55′15″,海拔 279米。一墓双室,占地面积约 15 平方米。墓圹残长 3.3 米,进深 3.5米。墓室结构简单,平顶,两室相通,每室分前后厅。室内构件雕刻精美,墓门为高浮雕镇墓俑、左右两壁上龛横梁为阴刻的翼龙和

―――――――――――

① 四川在线：泸州合江县发现完整龟形宋墓，http://www.scol.com.cn。

翼虎图案，后龛为浮雕启门图，其中左室后龛石刻凿一大洞，有早年被盗痕迹。①

图 2-16　合江白沙发现宋代石室墓

2014 年 5 月，在泸州至合江的产城大道大桥镇黄包山村 8 社施工现场发现一间呈一墓双室的古墓。经勘测初步认定该墓为宋代后期的夫妇石室墓，墓室结构简单，墓密闭石室整齐并列，墓穴密封完好，后龛为浮雕启门图。②

图 2-17　合江黄包山宋代古墓

2014 年 12 月，合江大桥食品园区在修建安置房平场过程中发现古墓葬，该墓地位于大桥镇黄包山村 8 社芦搞林，坐东北向西南，

① 四川在线：泸州发现宋代石室墓　室内结构基本完整，http://cd.qq.com/a/20130802/002628.htm。
② 四川新闻网：泸州：道路施工发现宋代夫妇石室墓，http://news.xinhuanet.com/photo/2014-05-29/c_126560201.htm。

占地面积约 80 平方米。从抢救性清理出的墓室构件推断为夫妇墓，编号为 M1、M2。墓室构件均由青白石雕凿而成，布局合理，构思巧妙，雕刻细腻。两墓均为竖穴式，大小一致，M1 和 M2 两墓相距约 1 米，其中 M1 为男墓主人。墓室甬道两侧雕刻高浮武士像，左右两侧龛门柱后雕刻花卉屏风，左右两侧龛分别刻站立侍男，其中一人头戴官帽，身着圆领服饰，手持器械武士；一人头戴冠帽，身着圆领服饰，右手二指往上扬；一人左手托瓜棱盒，右手提一物；还有一人右手持镜，左手扶绸带。墓室后龛门柱后为双扇门，雕刻浮雕花卉图案。M2 为女墓主人墓，墓室甬道两侧雕刻高浮武士像，左右两盒门柱后为两扇门，上刻花卉，左侧壁龛的左右两侧石刻图像分别为站立击鼓状仕女和舞剑状侍女，右侧壁龛的左右两侧石刻图像分别为站立状吹横笛和击鼓状侍女，随后两侧龛门柱后为双扇门，雕刻花卉，墓室后龛门柱后为一花球状石刻。①

图 2-18　合江芦搞林宋墓

2015 年 4 月，合江县佛荫镇瓦房子村四社小屋基墓葬被盗。县文物保护管理局组织专业人员前往现场察看，确定为宋代石室墓，随后组织专业人员进行了抢救性清理。墓葬坐东北向西南，占地面积约 20 平方米，位于北纬 28°75′59′、东经 105°62′28′。墓葬已被盗墓者严重扰乱，裸露在外，形制为竖穴式，单室，墓室采用仿木结构建筑修筑。墓圹残进深 3.3 米，宽 1.5 米，高 1.8 米。构件均由青白石雕凿而成，根据雕刻图案分析，墓为一贵妇人墓。墓门门柱为

---

① 泸州新闻网：泸州合江首次发现乐舞宋代石室墓室雕刻独特逼真，http://news.lzep.cn/2014/1216/114148_2.shtml。

武士像，左右壁盒雕刻仕女、花卉，仕女分别手持发簪、水果；后室横梁雕刻玄武图，后龛龛内雕刻墓主人像，墓主人端坐中间，身着华丽服饰，胸前饰佩，头挽高髻，面部饱满。仕女分别站立两侧，手持镜和盒；顶部为平顶，饰有花卉。①

图 2-19 合江佛荫镇瓦房子村宋墓

古代墓葬的分布密度，一般与区域的开发、当时的人口密度有关。从合江宋墓分布较为密集的几个区域，可以初步推测当时的开发情况。合江县地处长江上游，属四川盆地边缘地带，地势南高北低。县内山脉为娄山山脉支系，从黔北延伸至县境南部。当代合江，面积 2 414 平方千米，东南部和西南部为中低山地，中部和西北部为平坝和丘陵地带。2016 年户籍人口 90 万②，人口主要集中于平坝和丘陵地带，平均人口密度约 373 人。县城距泸州 38.7 千米，距成都 260.1 千米，距重庆朝天门 109.2 千米、重庆外环高速 69 千米，是四川省与重庆市毗邻的所有县区中唯一一个既拥有长江黄金水道，又融入重庆"一小时经济圈"的县。县城中心城区面积已达 15 平方千米，城区人口为 18 万余人，县城的综合能力达到了中等城市水平。县域经济发展不平衡，长江、赤水河沿岸地区，海拔较低，开发较早，经济文化较为发达，山区经济文化发展比平坝地区要迟，

---

① 泸州合江再次发现宋代古墓，http://www.luzhou.ccoo.cn/news/local/3637133.html。

② 合江新闻网：合江县 2016 年国民经济和社会发展统计公报，http://www.hjxtv.com/html/2017/hejiangxinwen_0414/12312.html。

今天扶贫攻坚任务也主要集中在山区。这种经济文化发展的不平衡除了地理环境的制约外，还可以从历史上找到原因。

以上述发现宋墓的乡镇为例，今天的榕右乡位于县境南部，南与贵州省接壤，距县城 25 千米，面积 63 平方千米，人口约 1.9 万人，人口密度为每平方千米 302 人。白米乡位于合江县城北面，距县城 7 千米，一面依山三面环水，东与榕山镇一江之隔，南与县城隔江相望，形如"水上半岛"，面积 74 平方千米，人口约 4 万人，人口密度为每平方千米 541 人。白鹿镇位于合江县东北部，是合江出川入渝的东大门，也是国家级风景区佛宝森林公园的必经之地，东、北靠临江津区，面积 73.5 平方千米，人口约 3.54 万人，人口密度为每平方千米 482 人。白沙镇位于合江县境西北部，与泸县、永川区相邻，是合江四大古镇之一，唐朝前期为合江县治所在地。面积 38 平方千米，人口约 2.2 万人，人口密度为每平方千米 579 人。大桥镇位于合江县城西面，是合江的西大门。长江黄金水道环抱，泸合公路穿境而过，水陆交通便捷，面积 67.5 平方千米，人口约 4.29 万人，人口密度达每平方千米 636 人。佛荫镇位于县城西面，地处泸合、佛赤公路交会处。面积 63 平方千米，人口约 3.84 万人，人口密度每平方千米 610 人。比较可知，除榕右乡人口密度低于全县平均水平外，其余乡镇均远高于县均水平，也高于泸州市平均水平。古今对比，我们发现，今天合江人口分布密集之地，在古代仍然是较为发达地区。以今察古，从今天宋墓的分布出发，结合文献记载，我们反向推测，认为南宋时期合江地区在川南黔北一带是汉文化的重要根据地，它与周边发现的宋墓一起，构成了南宋文化多姿多彩的一幅图景。

第三章
合江宋墓石刻的特征和内容

　　合江宋墓石刻主要分布在墓门门柱、墓室的左右两壁和后龛的龛内，其雕刻内容主要是青龙、白虎、武士、侍女、侍男、花卉、启门、墓主像等。石刻技法较为娴熟，目前有接近 200 件石刻被运回合江汉棺博物馆收藏。

第一节　各地宋墓石刻的基本特征

　　泸州市是宋墓石刻集中发现较多的地区。泸州地区的宋墓石刻主要收藏于泸州市博物馆、泸县宋墓石刻博物馆和合江汉棺博物馆。其中泸州市博物馆收藏 497 件，泸县宋墓博物馆收藏 480 余件。根据研究，泸州境内的宋墓石刻，其内容大致可分为以下七类：（1）四灵造像：青龙、白虎、朱雀、玄武。（2）人物造像：男武士、女武士、侍男、侍女。（3）场景造像：飞天、戏婴、妇人启门、乐舞、器乐演奏。（4）植物图案：牡丹、莲花、菊花等花卉。（5）动物图案：凤凰、狮子、兔子等。（6）家具图案：桌、椅、屏风、门、窗等。（7）建筑图案：梁柱、斗拱、桥梁等。
　　青龙、白虎、朱雀、玄武是中国传统的四灵。
　　泸州地区青龙的形制包括龙形、虎形两种。龙形青龙具传统龙的特征，头长长角，身披鳞甲，躯体修长扭曲。虎形青龙，头上长角，肢体舒展少有扭曲。

图 3-1　龙形青龙（泸县宋墓博物馆藏）①

图 3-2　虎形青龙（泸州市博物馆藏）②

白虎的形制有虎形、龙形两种。龙形白虎总体特征为白虎躯干修长，背生锋髭，躯干蜿蜒扭曲似龙形，四肢分布位置和提爪姿势似龙。足踏祥云，作驾云驰骋状，现存数量不多。

图 3-3　龙形白虎（泸州市博物馆藏）③

① 政协泸县委员会：《泸县文史》第十五辑《泸县宋代石刻》，第 24 页。
② 泸州市博物馆：《泸州市博物馆藏宋墓石刻精品》，北京：中华书局，2016 年，第 64-65 页。
③ 泸州市博物馆：《泸州市博物馆藏宋墓石刻精品》，北京：中华书局，2016 年，第 68-69 页。

图 3-4　虎形白虎（泸州市博物馆藏）①

虎形白虎总体特征为躯干或粗壮，或略修长，总体成舒展状，兽类特征明显。

朱雀包括鸟形朱雀和人面鸟身朱雀。鸟形朱雀数量较少，尖喙、长足、展翅，通常以侧面出现；人面鸟身朱雀数量较多，人面，鸟身，双翅展开，尾羽展开如开屏状，多以正面出现。

图 3-5　鸟形朱雀（泸州市博物馆藏）②

图 3-6　人面鸟身朱雀（泸县宋墓博物馆藏）③

---

① 泸州市博物馆：《泸州市博物馆藏宋墓石刻精品》，北京：中华书局，
　 2016年，第70-71页。
② 泸州市博物馆：《泸州市博物馆藏宋墓石刻精品》，北京：中华书局，
　 2016年，第80页。
③ 政协泸县委员会：《泸县文史》第十五辑《泸县宋代石刻》，第33页。

玄武的形制较为统一，皆是龟蛇相缠，少量龟蛇在同一画面中出现，但未纠缠在一起。

图 3-7 玄武（泸州市博物馆藏）①

图 3-8 玄武（泸县宋墓石刻博物馆藏）②

古者以南为上，面南则左东右西，前南后北，与四灵相配，即有所谓左青龙右白虎，前朱雀后玄武之说。从考古发掘看，四灵在墓中的组合通常是青龙居于墓室左壁，白虎居于墓室右壁，朱雀居于墓室南端，玄武居于墓室北端，如青龙、白虎或朱雀、玄武单独组合，仍遵左青龙右白虎，前（南）朱雀后（北）玄武的分布规律。其他地区发现的宋墓，如广安华蓥安丙墓、广元石刻宋墓、贵州桐梓夜郎坝后台窝宋墓等墓葬都呈此类分布。

① 泸州市博物馆：《泸州市博物馆藏宋墓石刻精品》，北京：中华书局，2016 年，第 84 页。
② 政协泸县委员会：《泸县文史》第十五辑《泸县宋代石刻》，第 35 页。

　　武士是泸州宋墓石刻的大宗作品，通常立于墓门两侧，取材多源于宋代军士形象。基本特征为头带兜鍪或幞头，兜鍪两侧饰有凤翅，巾带飘扬，手持兵器，脚踩祥云或怪兽。武士面部多为大耳、瞋目、阔口，神态各异。

3-9-1　武士　　　　　　　　　　　　3-9-2　武士
（泸县宋墓石刻博物馆藏）[①]　　　　（泸州市博物馆藏）[②]

图 3-9　武士

　　泸县宋墓石刻博物馆藏武士头戴兜鍪，鍪顶缀缨饰，两侧有护耳，鍪下沿两侧有涤带系于颏下。武士双目微睁，表情严肃，身穿铠甲，胸甲有十字形装饰，护腰以束带扎紧。铠甲内穿圆领长袍，右手下垂略向内弯，手握剑柄，剑锋向左上斜伸，左手弯曲至腹部

---

① 政协泸县委员会：《泸县文史》第十五辑《泸县宋代石刻》，第 39 页。
② 泸州市博物馆：《泸州市博物馆藏宋墓石刻精品》，北京：中华书局，2016 年，第 9 页。

握住右手腕。脚穿长靴，双腿张开站立于圆雕狮子造像基座上。

　　侍仆是泸州地区宋墓石刻常见的雕刻题材，通常刻于墓室后壁龛和左右壁龛，题材取材于宋人"焚香""饮酒""览镜""扫室""交椅"等生活场景，"净扫一室，晨起焚香，读书于其间，兴至赋诗，客来饮酒啜茶，或弈棋为戏，藏书数百卷，手自暴之。有小园，时策杖以游，时遇秋旱，驱家僮浚井，吸水浇花，良天佳月，与兄弟邻里把酒杯同赏，过重九方见菊以泛觞，有足乐者"[①]。宋人石刻与文章互证，使我们仿佛可以触摸宋人的日常生活。

3-10-1　扛椅男侍　　　　　　　　　3-10-2　　男侍

（泸县宋墓石刻博物馆藏）[②]　　　　（泸州市博物馆藏）[③]

图 3-10　男侍

　　泸县宋墓石刻博物馆藏扛椅男侍头部残缺，面部模糊不清，身着圆领长襦，束腰系节处两条涤带下垂，右脚重心在右，身体向后仰，肩扛椅面，双肘弯曲，托住交椅底部。泸州市博物馆藏男侍，站立于半启的门扉前，头顶束发，着圆领袍，下摆开裾，下着长裤，身体微倾，目视左侧，施叉手礼。

　　花卉是泸州地区宋墓石刻独具特色的装饰题材。宋墓石刻中花卉品类繁多，牡丹、莲花、芙蓉、水仙、月季、梅花、桂花、秋葵、

① [宋]王十朋：《王十朋全集》，梅溪集重刊委员会编，王十朋纪念馆修订，上海：上海古籍出版社，2012年，第271页。
② 政协泸县委员会：《泸县文史》第十五辑《泸县宋代石刻》，第62页。
③ 泸州市博物馆：《泸州市博物馆藏宋墓石刻精品》，北京：中华书局，2016年，第112页。

葡萄、松、竹等是宋墓石刻常见的植物装饰品种，多见的是牡丹、莲花、菊花。

泸州市博物馆藏插花图反映了宋人插花艺术，瓶中插有折枝莲花、牡丹、菊花，不同季节的花汇插于一瓶之中，也许在表达一年之境之意，寓意时间转轮。

图 3-11　插花（泸州市博物馆藏）①

泸县宋墓菊花石刻构图饱满，布局严谨，雕刻典雅，菊花均为复瓣，花瓣层层叠叠，反复细密。

图 3-12　浅浮雕菊花（泸县宋墓石刻博物馆藏）②

第二节　合江宋墓石刻内容

合江宋墓石刻的征集工作始于 20 世纪 80 年代，其主要来源包

① 泸州市博物馆：《泸州市博物馆藏宋墓石刻精品》，北京：中华书局，2016 年，第 174、175 页。
② 政协泸县委员会：《泸县文史》第十五辑《泸县宋代石刻》，第 77 页。

括三类。一类是机关企事业单位和居民进行基建时发现石室墓构件，县文化馆闻讯后运回收藏；一类是施工过程中，发现石室墓，文馆人员赶到现场进行抢救性清理发掘而获得的石刻文物；一类是公安部门打击私挖古墓、盗窃文物犯罪时，收缴拨交的石刻文物。县文化馆收藏的第一件宋墓石刻是 1984 年合江县农业银行修建职工宿舍时出土的高浮雕持剑武士石刻。2002 年合江汉棺博物馆成立后，陆续发现的宋墓石刻也入藏博物馆，迄今馆藏宋墓石刻 200 余件，并辟有宋墓石刻展室。

合江汉棺博物馆馆藏宋墓石刻，包括墓室构件图像石刻和其他石刻残件与墓志铭，主要采用剔地起突的高浮雕、压地隐起的浅浮雕和线刻三种雕刻手法，以高浮雕居多。从总体来看，与川南黔北渝西地区发现的宋墓石刻形制、内容相差不大，大体可划分为武士、四灵、侍仆、花卉等，在具有与他地相似性的同时，也具有一些地区特点。

一、武　士

武士类石刻，一般雕刻在墓室门柱内侧，武士面对面站立，共同守护墓主人。这种武士其实就是我国历史上广为流行的"门神"观念，在地宫环境营造的体现。

门神崇拜，源于原始自然崇拜。门的出现，一为自身出入提供方便，二是为防范敌害闯入。由于门户是房屋与外面世界相通的地方，便产生了对门户的崇拜。早在先秦时代，上自天子下及庶人即已形成门神崇拜，《礼记·祭法》云："夫圣王之制祭祀也：法施于民则祀之，以死勤事则祀之，以劳定国则祀之，能御大灾则祀之，能捍大患则祀之。"[①]"门"在生活中作为"御大灾""捍大患"的最后屏障，成为《礼记》中"五祀"的重要内容。故《祭法》中"王

---

① 《礼记·祭法》，《周礼·仪礼·礼记》，长沙：岳麓书社，1995 年，第463 页。

为群姓立七祀""诸侯为国立五祀",皆有"国门","大夫立三祀""适士立二祀",皆有"门","庶士、庶人立一祀,或立户,或立灶"。人们赋予门神驱邪魔、卫家宅、保平安、助功利、降吉祥等多种功能,道教因袭这种信仰,将门神纳入神系,加以祀奉。门神包括捉鬼门神、武将门神、文官门神、祈福门神等四类。

门户之祀起源于西汉。初起时,人们以"桃人饰门""画虎于门""户贴画鸡"等非人格化的神来守卫门户。而后出现的人格化的门神是"神荼""郁垒",典出王充《论衡·订鬼篇》所引《山海经》佚文,曰:"沧海之中,有度朔之山,上有大桃木,其屈蟠三千里,其枝间东北曰鬼门,万鬼所出入也。上有二神人,一曰神荼,一曰郁垒,主阅领万鬼。恶害之鬼,执以苇索,而以食虎。于是黄帝乃作礼以时驱之,立大桃人,门户画神荼、郁垒与虎,悬苇索以御。凶魅有形,故执以食虎"①。"神荼""郁垒"作为门神,除了文献还有实物为证,汉画像石上就有神荼、郁垒执虎饲鬼的形象,与上述文献"执以食虎"的所述一致。

图 3-13　神荼（右）、郁垒（左）（哥伦比亚大学东亚图书馆藏）

神荼和郁垒之后,门神有了唐代秦琼(秦叔宝)和尉迟恭(尉迟敬德)两位著名的武将门神。贞观十七年(643)二月,唐太宗李世民为怀念当初一同打天下的众位功臣(当时已有数位辞世,活着

---

①《论衡·订鬼》,长沙:岳麓书社,2006年。

的也多已老迈），建凌烟阁，命阎立本绘二十四位功臣图像，时常前往怀旧。秦琼、尉迟敬德位列其中。元明间，随着小说《西游记》《隋唐演义》的流行，二人转型为门神。《西游记》写道：二将军"头戴金盔光烁烁，身披铠甲龙鳞，护心宝镜幌祥云，狮蛮收紧扣，绣带彩霞新，这一个凤眼朝天星斗怕，那一个环睛映电月光浮；他本是英雄豪杰旧勋臣，只落得千年称户尉，万古作门神"。《隋唐演义》写得更邪乎："唐太宗李世民成就帝业，其间杀人无数，即位后身体极差，夜间梦寐不宁，多做噩梦，李世民惧之，受不住折磨，召众将群臣商议，让元帅秦琼与大将军尉迟恭二人每夜披甲持械守卫于宫门两旁，果然无事。然久而久之，太宗念秦琼，尉迟恭二将日夜辛劳，便让宫中画匠绘制二将之戎装像，怒目发威，手持鞭锏，悬挂于宫门两旁，此后邪祟全消。"此后民间也逐渐张贴门神二将军。

但中国民间传说中最能打鬼驱除邪祟的神是钟馗。旧时中国民间常挂钟馗的像辟邪除灾，是中国传统文化中的"唐·赐福镇宅圣君"。宋代传李嵩作的《岁朝图》，所绘为宋代新年习俗，画中外门贴武将门神，内门贴文官门神，文官门神有五子登科、父子状元、带子上朝、福神魏征等。后世又有祈福一类门神，包括天官赐福、福禄寿三星、麒麟送子、双喜临门、一团和气、聚宝盆等。

中国民间传统事死如生。在中国的民间信仰中，没有真正的死亡观念，一个人死了，只不过是回到原来的所来之地，死是生的开始，因此在人死后营造一个生活场景，为其提供生活服务在中国古代民俗中是一个普遍而重要的事。合江宋代石室墓仿人间生活，墓室中间多有石板拼成的棺台，墓室左右两壁和后壁砌壁龛，既然人生前要在住宅门前置门神御邪，墓中置武士门神镇墓就不难理解。

合江武士类石刻，其技法均为高浮雕或浅浮雕，物象外剔地较深，物象浮起较高，细部层次起伏明显，立体感较强，其规格大小视墓室规模不同有所差别，一般高110～192厘米，宽41～69厘米，厚9～15厘米。武士基本形象为头戴兜鍪，顶有缨饰，身披铠甲，手执兵器，足穿靴，脚踏祥云。

冷兵器时代战事中，军队将士们身着护身衣，头戴护头帽，这就是所谓"甲胄"。"甲,铠;胄,兜鍪也。"甲是围在人体或物体外面起保护作用的装备,用金属、皮革等制成;胄就是兜鍪,以金属制造,故有人将兜鍪称为头上的铠甲,即"首铠"。《释名》记载:"铠或谓之甲,似物孚甲以自御也。"兜鍪是古代战士戴的头盔。秦汉以前称胄,后叫兜鍪。大多数兜鍪除了能保护头部外,还能护全头、颈、喉,兼护部分面部及肩部。战国前头盔称之为胄,战国后称为"兜鍪"。殷商时期就有青铜头盔,战国时期出现铁头盔。

图 3-14　春秋时期青铜头盔①

　　古代的"甲"属于防御功能极强的服饰部分。最初"甲"以皮制作,故只称"甲"不称"铠"。古代的"甲"主要以犀牛皮和野牛皮制成,并以皮做成鞲,戴在手臂上。西周时期设有专门负责鞣革制甲的"函人官",甲分为犀甲、兕甲、合甲三种。甲质地极其坚硬,据说犀甲可以使用一百年,兕甲可以使用二百年,合甲则可使用三百年。甲穿在身上,按衣裳的位置分布,可以分为腰以上部位和腰以下部位。西汉时期铁铠甲取代了先前时期的皮甲,西汉铁甲称为"玄甲"(甲上涂黑漆)。唐朝宣宗时期,出现一种将纸经过鞣制做软,一层层叠放钉牢做甲,再用水浸湿,箭很难穿透的纸甲。到宋代,根据宋史记载,宋代军服分为两类,一类是继承传统,以实战要求装备的头盔铠甲,有皮制和铁制两种,另一类用于仪仗、巡逻、守卫,定为战袍和战袄,这种军服紧身窄袖。宋代铠甲,基本形制继承唐代风格而略有变化,包括兜鍪、甲衣、披膊、吊腿。

---

① 袁杰英:《中国历代服饰史》,北京:高等教育出版社,2006年,第71页。

图 3-15 宋代武士铠甲①

《武经总要》对宋代时期的兜鍪做了详细图示，如下图所示：

图 3-16 《武经总要》中的"头鍪顿项"②

从《武经总要》所载的图我们看到，兜鍪整体呈圆形覆钵状，盔面装饰花纹，盔顶有缨饰，两侧有护耳，后缀护项，即所谓"顿项"。兜鍪种类多以形象设定，有虎头兜鍪、凤翅兜鍪、狻猊兜鍪等，其中尤以凤翅兜鍪多见。兜鍪由两条巾带在颏下系结固定，结饰多种多样，根据张春新的研究，宋墓石刻中武士兜鍪的结主要有简易结、单翼蝴蝶结、双翼蝴蝶结、倒蝴蝶结、无尾蝴蝶结几类，如下图所示③：

① 袁杰英：《中国历代服饰史》，北京：高等教育出版社，2006年，第77页。

② [宋]曾公亮等：《武经总要》前集·卷十三，《中国兵书集成》，北京：解放军出版社，1994年，第713、718、720、722页。

③ 张春新：《南宋川南墓葬石刻艺术》，重庆：重庆大学出版社，2011年，第116、117页。

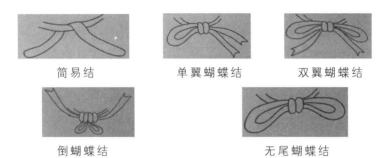

简易结　　　单翼蝴蝶结　　　双翼蝴蝶结

倒蝴蝶结　　　　　无尾蝴蝶结

图 3-17　宋墓石刻武士衣结

合江宋墓武士石刻的兜鍪多见凤翅，结则以倒蝴蝶结为主，如下图所示：①

图 3-18　合江宋墓石刻武士头部

合江宋墓石刻的武士头部除戴头盔外，还有戴所谓"幞头"者。幞头是一种头巾，亦名"折上巾"，巾子起源于北周，初唐定型。孟元老《东京梦华录》载："楼下用枋木垒成露台一所，彩结栏槛，两边皆禁卫排立，锦袍，幞头簪赐花，执骨朵子。"②这是北宋时期军士的头饰。

图 3-19　唐章怀太子墓　　　　图 3-20　合江宋墓石刻软
　　壁画中人物所着幞头　　　　　　裹幞头武士头部

① 合江文物画册编委会：《合江文物画册》，第 74 页。
② [宋]孟元老：《东京梦华录》卷六"元宵"，北京：中华书局，1982 年，第 165 页。

宋代军服有内着袍、外着甲和内着甲、外罩袍两种形制。前者常见，铠甲有身甲、披肩、护髆。《武经总要》对铠甲材质和形制记载如下："有铁、皮、纸三等，其制有甲身，上缀披髆。下属吊腿，首则兜鍪顿项。"①并绘有披铠甲的武士图：

战船上披铠　　　　身披铠甲的　　　　合江汉棺博物馆馆
甲的武士②　　　　骑马武士③　　　　藏石刻披铠甲武士④

图 3-21　披铠甲武士

对比《武经总要》和合江宋墓石刻的武士形象，可以发现，合江宋墓石刻的武士，其盔（兜鍪）、护耳、身甲、披肩、护髆、护腕、膝裙、吊腿多有一致之处，唯石刻更为写实，细部刻画更为细腻。

宋代重文轻武，对武人的装束有严格的压制要求。这就是"武随文服"。禁军九品以上的将校军官，通常有三种服饰：朝服、公服和时服。朝服又名"具服"，是隆重朝会时所穿的服饰，按其性质不属于戎服范围。公服也谓"从省服"，是武官上朝视事所穿之服。武官的朝服、公服与文官相同。"武随文服"对宋朝将领铠甲外所穿之衣有很大影响。这使得宋代武将有一个显著的衣着特征——"衷甲"。

① [宋]曾公亮等：《武经总要》前集·卷十三，《中国兵书集成》，北京：解放军出版社，1994 年，第 724 页。
② [宋]曾公亮等：《武经总要》前集·卷十三，《中国兵书集成》，北京：解放军出版社，1994 年，第 493 页。
③ [宋]曾公亮等：《武经总要》前集·卷十三，《中国兵书集成》，北京：解放军出版社，1994 年，第 513 页。
④ 合江文物画册编委会：《合江文物画册》，第 74 页。

所谓"衷甲"，就是"披甲于内，而加衣甲上"。即在铠甲外罩上战袍或者一种短身绣衫，《宋史·仪卫志》中称作"绣衫"。这种绣衫无扣，用衣襟下缘的垂带在胸前系结，绣衫上有绣纹，绣纹是区分各军的标志："凡绣文，金吾卫以辟邪，左右卫以瑞马，骁骑以雕虎，屯卫以赤豹，武卫以瑞鹰。"[①]绣纹位置在后背。到了南宋，"衷甲"的宽袖短衫变成了广袖、大翻领、右衽，长及脚背，无带扣以腰带系束的一种类似公服的宽大长袍。衣身宽松、袖子宽广不便于战场上作战，将领需在袖子上打一个结。显然，这种衣身宽松、袖子宽广的衣服不是出于实战功能的考虑，而是一种体现文人荣誉感的穿着。在合江宋墓石刻中，内着铠甲外罩袍的武士形象较常见。

合江宋墓石刻武士战袍以领来划分，分为三种形制（图3-22）：大翻领、圆领、交领。同样的战袍样式在泸州市博物馆、泸县宋墓石刻博物馆也找得到。在这几类外袍中，合江宋墓出土的大翻领战袍尤其具有强烈的装饰性，领的式样和其裁剪、缝纫工艺给人以穿越的感觉，视觉冲击十分强烈。

大翻领战袍　　　　　圆领战袍　　　　　交领战袍

图3-22　合江汉棺博物馆馆藏石刻罩外袍武士

---

① 《宋史》卷一百四十八《志》第一百一《仪卫六》，北京：中华书局，1977年，第3473页。

图 3-23　泸州地区宋墓石刻大翻领外袍武士

图 3-23 的武士，左藏于合江汉棺博物馆，右藏于泸州市博物馆，均着大翻领战袍。比较二图，合江出土者视觉冲击力更强。泸州市博物馆所藏大翻领武士，神情略显呆滞，闭目眼帘下垂，似有所思；而合江汉棺博物馆所藏大翻领武士，在宋墓石刻的武士群像中可谓独树一帜。头戴兜鍪，身着大翻领战袍，仰头向天，睥睨而视，有着一种凛然不可侵的气势，其高傲与不屑的神态与别样的服饰结合在一起，使得武士显得出类拔萃。

合江宋墓石刻武士均手持武器，武器种类包括剑、斧、骨朵等。

剑是中国传统兵器。《说文解字·卷四》"刃部"云：剑，"人所带兵也。从刃，金声"，《武经总要》载宋代剑的式样：

图 3-24　宋代剑的式样[①]

[①]　[宋]曾公亮等：《武经总要》前集·卷十三，《中国兵书集成》，北京：解放军出版社，1994 年，第 688 页。

合江宋墓石刻武士所持的剑，其式样与《武经总要》所载完全一致，惟武士持剑的姿态有以下三类：

一类是拄剑于地：

| 图 3-25-1 | 图 3-25-2 | 图 3-25-3 |

图 3-25 合江汉棺博物馆馆藏石刻拄剑武士

图 3-25 中，图 3-25-1 为国家三级文物，2005 年 7 月 9 日合江县车辋乡派出所拨交。石刻高 130 厘米，宽 41 厘米，厚 10 厘米，红砂石质，高浮雕，墓室构件，竖长方形。武士头戴兜鍪，顶有缨饰，两侧护耳向上；面像英武，双眼微闭，方口略张，身着袍式甲胄，肩佩护膊，腿前有护甲，甲至膝下，足登靴；左手握剑柄，剑锋向下立于基座上，右臂高抬，右手抚握于左手手背上。

图 3-25-2 为国家二级文物，1992 年 3 月合江县合江镇仁家沟采集。石刻高 162 厘米，宽 53 厘米，厚 8 厘米，高浮雕，墓室建筑构件，长方形。武士头呈半侧面，头戴兜鍪，顶着缨饰，护耳向上，顿项系扎结于颏下；面像方阔，双目圆睁，方口微闭，表情严肃；身着甲胄，肩佩虎形甲披膊，双肩凤翅上卷，腰束革带，腰两侧系垂带，垂带飘拂；腿前护甲至膝下，内裙下摆多折褶，足登短靴，双足分立于祥云上；右执剑于左腰腿前，剑垂于左脚内侧，左手抚握右手腕于腰前。

图 3-25-3 为国家一级文物，长 110 厘米，宽 55 厘米，厚 13 厘米。1999 年 3 月合江县合江镇仁家沟采集，石质，打制雕刻而成，整体作长方体，武士头戴兜鍪，顶有缨饰，护耳高翘，双目圆睁，嘴紧闭，面像圆胖，顿项系扎蝴蝶结于颚下。身罩甲，腰束革带，两垂带于膝间向右翻卷，右手持箭置于腰前，左手于腰前紧握右手腕，足登尖头靴，两足呈外八字形立于基座。

一类是武士斜持剑：

图 3-26-1　　　　　　　　　图 3-26-2

图 3-26　合江汉棺博物馆馆藏石刻斜持剑武士

图 3-26-1 为国家一级文物，1992 年 3 月合江县合江镇仁家沟采集。石刻长 115 厘米，宽 50 厘米，厚 15 厘米。打制雕刻而成，整体作长方体，四边及背面无图案，正面雕刻武士，武士呈站姿，头戴兜鍪，顶饰缨向后飘，两侧护耳向上，顿项系带扎结于颏下，两端往后向上飘，护耳上翘；面像丰满，双目圆睁，方口紧闭，呈威严状；身着甲胄，佩披膊，着护手，肩披战巾系结胸前，腰系革带，两腿裙掩至膝下；左手握巾带，右手握剑，剑身斜至左脚膝下，足登靴，两脚呈外八字立于基座上。

还有一类是武士斜举剑：

这类持剑武士较为少见。图 3-27 中，武士右手握剑柄，左手握剑鞘。头绾髻，着袍，交领，足登靴，两脚呈外"八"字立于基座上。

图 3-27　合江汉棺博物馆馆藏石刻斜举剑武士

　　斧也是古代常用兵器，黄帝时即有斧钺之名，刀口形状一般为弧形。斧、钺通常被联称，二者的形制相似，都是用来劈砍的长兵器。区别在于钺是一种大斧，刃部宽阔，呈半月形，在斧背上有钩或斧上有枪刺。斧作为一种实战工具一直在城市防御战、水战中发挥作用，用它来砍斫敌人的攻城器具，斩截敌舰帆缆等。唐宋时期，斧钺流行军中，成千的军士持长斧作战。两宋斧的运用更普遍，宋朝军队的主要敌手是西夏、契丹、女真的骑兵，宋军在骑战中常处于劣势，主要靠步战取胜。所以宋兵多持斧钺抗击辽金铁骑的冲击，以临敌制胜。《武经总要》所载大斧、凤头斧，即是隋、唐遗制。

图 3-28　宋代的斧①

---

① [宋]曾公亮等：《武经总要》前集·卷十三，《中国兵书集成》，北京：解放军出版社，1994 年，第 689 页。

合江宋墓石刻持斧武士大体有两类形象。一类斧上举，分为左举和右举两式。

图 3-29-1

图 3-29-2

图 3-29-3

图 3-29-4

图 3-29　合江汉棺博物馆馆藏石刻举斧武士

图 3-29-2 是国家三级文物，2005 年 7 月 9 日合江县车辋乡派出所拨交。石刻高 130 厘米，宽 41 厘米，厚 9 厘米。红砂石质，高浮雕，墓室构件，竖长方形。武士头绾髻，饰巾，面像丰满，隆鼻，大耳，眼微闭，嘴略张；身着对襟，宽袖，战袍，手膊着护甲；双手紧握钺柄中部置于胸前，柄端至双膝间，钺首于头左侧，高出头

顶；足登宽靴，双足呈外"八"字形站立于基座上。

一类是斧挂地，分为斧柄挂地和斧头挂地二式。

图 3-30-1   图 3-30-2

图 3-30   合江汉棺博物馆馆藏斧挂地武士

图 3-30-1 是国家三级文物，高 185 厘米，宽 64 厘米，厚 11 厘米。1984 年 1 月合江县合江镇田湾农行宿舍出土，高浮雕，墓室建筑构件，长方形。武士头戴兜鍪，顶有缨饰，贺脸、高鼻方嘴，双目圆睁，面像英俊、两侧护耳向上，鍪项下沿绦带系结于颏下，内着长裙，外着铠甲，肩着披膊，腰束革带，两垂带下垂至膝间，左手握斧头上端置于腹前，斧柄向下于两脚间着于座，右手抚于左手，脚穿靴，双脚向外立于祥云上。

骨朵也是宋墓石刻武士所持的常见兵器。"骨朵"为铁或硬木制成，长棒的顶端安装有石质或金属的头，头呈圆形、蒜头形等多种。《武经总要·器图》："右蒺藜、蒜头骨朵二色，以铁若木为大首，迹其意本为胍肫。胍肫，大腹也，谓其形如胍而大，后人语讹，以胍为骨，以肫为朵（其首行知不高，或如蒺藜，或如羔首，俗也随呼之）。短柄铁链皆骨朵类，特形制小异尔。"①后世所谓金瓜，多用于仪仗，《宋史·仪卫志二》："凡皇城司随驾人数，崇政殿应亲从四指

---

① [宋]曾公亮等：《武经总要》前集·卷十三，《中国兵书集成》，北京：
    解放军出版社，1994 年，第 684 页。

挥，共二百五十二人，执擎骨朵充禁卫。"①

图 3-31　《武经总要》中的骨朵

合江宋墓石刻持骨朵武士，有左举和右举两式。

图 3-32-1　　　　图 3-32-2　　　　图 3-32-3　　　　图 3-32-4

图 3-32　合江汉棺博物馆馆藏持骨朵武士

图 3-32-2 是国家一级文物，2001 年合江县白鹿镇采集。石刻长 105 厘米，宽 48 厘米，厚 10 厘米，石质，打制雕刻而成，呈竖长方形。武士头戴兜鍪，顶缨饰向后飘，顿项系带扎结于颏下；护耳

———————

① 《宋史·志第九十七·仪卫志二》，北京：中华书局，1977 年，第 3387 页。

上翘，面像丰满威严，双目圆睁，双唇紧闭；身着长裙战袍，系护腰，护腰扎巾，腰下垂带飘向左侧；双手上下执骨朵柄斜向左肩，斜靠于左肩上；足登方靴，两脚向外呈"一"字形立于云纹上。

图 3-32-3 为国家二级文物，2001 年 5 月合江县城三转盘出土。石刻高 105 厘米，宽 49 厘米，厚 10 厘米，石质，打制雕刻而成，头戴兜鍪，顶缨饰向后飘，顿项系带扎结于颏下；护耳上翘，面像丰满威严，双目圆睁，双唇紧闭；身着长裙战袍，系护腰，护腰扎巾，腰下垂带飘向左侧；双手上下执骨朵，柄斜向左肩，斜靠于左肩上；足登方靴，两脚向外呈"一"字形立于云纹上。

图 3-32-4 是国家二级文物，宋高浮雕持骨朵武士石刻，2005 年 7 月合江县车辋乡派出所从文物贩子处追回。石刻高 14.4 厘米，宽 56 厘米，厚 9 厘米。红砂石质，高浮雕，墓室构件，竖长方形。武士头戴兜鍪，顶有缨饰，顿项系带扎结于颏下，两端呈凤翅往后向上飘，两护耳向上；面像英俊，高鼻凤眼，神态威严；身着甲胄，佩披膊，肩披长巾，着护手，腰系革带，两垂带下垂膝后往右飘，足登靴，向外呈"八"字形站立于座基，右手在上，左手在下，紧握骨朵长柄于右。骨朵形如圆锤，柄垂直向下。

在合江宋墓石刻武士群体形象中，有几方女武士形象尤为突出。

图 3-33-1　　　　　　　图 3-33-2　　　　　　　图 3-33-3

图 3-33　合江汉棺博物馆馆藏女武士

图 3-33-1 为国家一级文物，长 128 厘米，宽 47 厘米，厚 13 厘米。1992 年 3 月合江县合江镇仁家沟采集，石质，打制雕刻而成，整体作长方体，四边及背面无图案，正面高浮雕武士，武士面容清秀，头戴兜鍪，顶有缨饰，护耳上顿项系带扎蝴蝶结于颏下，头后巾帛呈环饰，身外着皮，肩佩皮护膊，胸束绦带系结于胸，腰束带，两垂带腹前翻卷，身内着广袖战袍，腿裙垂至膝下，双手执钺柄斜横于腰间，钺头在左肩上方，柄端于右腿外侧，足登靴，两足呈外"八"字站立于基座上。

图 3-33-2 为国家一级文物，1999 年 3 月合江县合江镇仁家沟采集。石刻长 115 厘米，宽 50 厘米，厚 15 厘米。石质，打制雕刻而成，整体作长方体，四边及正面无图案，正面高浮雕武士像，武士头戴凤帽，面像微笑，身着广袖战袍，右袖系蝴蝶结往右后扬，左袖垂于左膝下，腰束宽带，垂带下垂于膝下，双手握钺柄于左腰间，钺头紧靠左肩，柄端置于两足间，脚着靴分立于基座。

图 3-33-3 是国家一级文物，长 110 厘米，宽 55 厘米，厚 13 厘米。1999 年 3 月合江县合江镇仁家沟采集，石质，打制雕刻而成，整体作长方体，武士头戴兜鍪，顶有缨饰，护耳高翘，双目圆睁，嘴紧闭，面像圆胖，顿项系扎蝴蝶结于颏下。身罩甲，腰束革带，两垂带于膝间向右翻卷，右手持箭置于腰前，左手于腰前紧握右手腕，足登尖头靴，两足呈外八字形立于基座。

二、四神

四神又叫四象、四灵。中国古代天文学十分发达，日月和金木水火土五星被称为七政或七曜。古人观测日月和五星的运行以恒星为背景，经过长期观察，古人先后选择黄道赤道附近的二十八个星宿为坐标，称为二十八宿。同时把二十八宿分为四组，分别用四种动物形象作为代表：东方苍龙（青色）、北方玄武（黑色）、西方白虎（白色）、南方朱雀（红色），是为"四象"。战国曾侯乙墓出土漆箱上的绘画就已有完整记述，后又将其运用于军营军列，成为行军打仗的保护神，《礼记·曲礼上》曰："行，前朱鸟（雀）而后玄武，左青龙而右白虎，招摇在上。"①《十三经注疏·礼记·曲礼上》论及其作用时说："如鸟之翔，如龟蛇之毒，龙腾虎奋，无能敌此四物。"曹植在《神龟赋》中写道"嘉四灵之建德，各潜位乎一方。苍龙虬于东岳，白虎啸于西冈。玄武集于寒门，朱雀栖于南乡。"秦汉瓦当常见四象，称为"四神纹"瓦当。汉人赋予四象辟邪求福之功能，四神纹瓦当在汉代极为流行。

图 3-34　四象瓦当（依次为苍龙、朱雀、玄武、白虎）

　　四象辟邪求福之功能，被汉人发挥得淋漓尽致，除了在瓦当上有四象图像，在墓葬中四象更是常见的辟邪之物。辟邪即避凶，其观念起源甚早。狭义的辟邪，指的是貔貅、天禄之类的神物，广义的辟邪，则是指由辟邪观念而引起的辟邪行为和辟邪仪式以及承载辟邪观念的辟邪物。辟邪是对鬼祟施行的一种防御性巫术，属于反抗巫术范畴，辟邪物是反抗巫术的常用手段。在原始思维中，某种鬼祟，虽然可以作祟于人，但是它们总有一种或几种害怕的东西，

①《礼记·曲礼上》，《周礼·仪礼·礼记》，长沙：岳麓书社，1995年，第286页。

因而可以采用某种东西作镇物。这就是所谓的一物降一物，这种原始思维虽经历时间长河的过滤，却仍然顽强地积淀在人类意识深处，时时表现出来。

对龙虎的崇拜，早在仰韶文化时期就已经产生。1987 年 5 月至 1988 年 9 月，文物部门配合引黄调节池工程队，在濮阳县城西南隅西水坡，发掘出仰韶文化时期三组蚌砌龙虎图案，被誉为"中华第一龙（虎）"。可见，龙虎在新石器时代就已经在中华民族心理结构中奠定了牢不可破的地位。

图 3-35　1987 年河南濮阳西水坡出土的蚌砌龙虎

在古籍中，朱雀常常充当先导的角色。题为贾谊做的《惜誓》写道："飞朱鸟使先驱兮，驾太一之象舆。苍龙蚴虬于左骖兮，白虎骋而为右䠵。"玄武以龟蛇合体的形状出现，被古人看作雌雄交配、生殖繁衍的标志。

四象具有的辟邪功能在汉画像石棺中得到很好体现，这种四象辟邪的心理经过时间的积淀，转化为一种民俗类型，反映汉民族民众群体的审美观念和价值取向，成为汉民族一种定型化的思维习惯。至宋代这种心理思维定式更趋强化，合江宋代墓葬石刻很典型地反映了这种心理。

图 3-36-1

图 3-36-2

图 3-36　合江宋墓石刻龙虎

图 3-36-1 为宋代高浮雕青龙石刻，国家一级文物，1997 年 5 月合江县白米乡白塔坝采集。石刻长 32 厘米，宽 151 厘米，厚 10 厘米，石质，打制雕刻而成，整体作长方体，四边和背面无图案，正面高浮雕石青龙，呈奔腾飞跃状，龙转首，曲颈，曲顾，龙首扁长，嘴闭合，龙鼻呈如意状，眼圆凸，角分叉近于鹿角形状，龙发呈一束往后飘动。龙体修长，颈、腹、尾三者衔接流畅协调，背鳍整齐，腹甲工整，鳞片排列紧密，尾呈"S"形缠后右腿，四腿往各方伸展踏于祥云。

图 3-36-2 为宋代浮雕白虎祥云石刻，国家三级文物，1987 年 11 月合江县凤鸣觉悟乡出土，长 175 厘米，宽 50 厘米，厚 9 厘米。浮雕，墓室建筑构件，长方形。白虎呈行走状，虎头短而圆，呈正面，竖两耳，眼圆睁，颏宽，上刻一"王"字；颈斜伸，鬃毛工整；虎身修长，无斑纹，尾往后垂，末端向上弯曲；两前腿左右分开呈趴伏状，后腿一前一后，呈行走状，四脚踏祥云。

图 3-37　合江宋墓石刻玄武

图 3-37 为宋代玄武浮雕石刻，国家三级文物，长 36 厘米，宽 94 厘米，厚 10 厘米。2001 年 1 月合江县合江镇三转盘基建工地出土，石质，浮雕，墓室建筑构件，长方形。石刻为一蛇盘绕于龟背上，龟昂首，曲颈，蛇头回首向龟头，作交颈状。

三、花卉

花卉是宋墓石刻的重要装饰题材。宋墓石刻花卉的流行，与宋代雅好花事的时代风尚相关。有宋一代，随着经济的发展，商业城市兴起，过去商业区（市）和居住区（坊）截然分开的城坊制解体，坊市的界限逐渐突破，工商与居民杂处，商业活动也突破时间限制，经久不息，都市生活的发达，使民众对花的需求大增，赏花的习俗自上及下，十分普及。南宋吴自牧在《梦粱录》中写道："仲春十五日为花朝节，浙间风俗，以为春序正中，百花争放之时，最堪游赏，都人皆往钱塘门外玉壶……等园，玩赏奇花异木。"[1]北宋都城汴京和南宋都城临安都有卖花风习。史载南宋临安三月"春光将暮，百花尽开，如牡丹、芍药、棣棠、木香、酴醾、蔷薇、金纱、玉绣球、小牡丹、海棠、锦李、徘徊、月季、粉团、杜鹃、宝相、千叶桃、绯桃、香梅、紫笑、长春、紫荆、金雀儿、笑靥、香兰、水仙、映山红等花，种种奇绝。卖花者以马头竹篮盛之，歌叫于市，买者纷然"[2]。陆游《临安春雨初霁》有"小楼一夜听春雨，深巷明朝卖杏花"之句，欧阳修《六一诗话》记载北宋汴京流行"卖花担上看桃李"，宋徽宗《宣和宫词》有"隔廉遥听卖花声"的诗句，可见卖花声在宫中都能听到。这些诗句，都是宋代花事发达的写实记载。

政治上，两宋在革除唐代科举制弊病的基础上，建立起一套完整、严密的科举制，进士科成为最主要的科目。宋代实行解试、省

① [宋]吴自牧：《梦粱录》卷一"二月望"，北京：中国商业出版社，1982年，第 7 页。

② [宋]吴自牧：《梦粱录》卷二"暮春"，北京：中国商业出版社，1982年，第 13 页。

试和殿试三级考试制。省试由尚书省礼部主管，宋英宗后每三年举行一次，在春季考试各地举人，合格者由礼部奏明殿试。解试包括州试（乡试）、转运司试（漕试）、国子监试（太学试），在省试前一年秋季择日考试。举人解试合格，由州或转运司、国子监等按解额解送礼部，参加省试。科举制的定型，使整个社会可以定期地按部就班地造就一批进士和一大批举人，这些进士、举人成为风雅的渊薮。宋人赏花，已经没有了唐人"帝城春欲暮，喧喧车马度。共道牡丹时，相随买花去"的那种狂热，而是把本来属于日常生活的细节中提炼出高雅的情趣，使人感受到"众芳摇落独暄妍，占尽风情向小园。疏影横斜水清浅，暗香浮动月黄昏"的一种恬淡雅致基调。这种基调成为宋人生活中的一点温暖，一份美丽的点缀。

花鸟画是宋代绘画的重要类别。宋代花鸟画家喜欢对动植物形象情状进行观察研究，他们笔下的花草虫鱼一丝不苟，极为精工细丽，设色上，崇尚浓重典雅，造型端庄周密。

图 3-38 【宋】李迪 红白芙蓉图

宋代士民对花卉的喜好和花鸟画家的画风对民众的影响极大，这种影响甚至反映在民俗上。宋墓石刻的花卉，就是这种影响的具体体现。宋墓石刻花卉具有写实和图景化两大艺术特征。写实就是对生活中的花卉高度模仿再现，图景化就是花卉不是单独出现，而是与各种搭配的因素共出，如花卉与雀兽同出于一个画面，形成一个完整的图景。

合江宋墓石刻的花卉，与川南其他地方发现的宋墓石刻一样，主要分布在墓室假门上部格烟、壁龛、屏风、建筑横梁、过梁位置。人们在认知世界的过程中为了对事物加以区别，将事物的形状简单概括为：正方形、长方形、菱形、圆形、三角形等，这些基本的几何形状是构成一切事物特征的重要组成元素，越是简单的图形特征越是让人的视觉感到舒适。合江宋墓石刻花卉的构图以圆形为主，这是与泸县和泸州其他地区的宋墓石刻花卉构图比较显著的区别。

图 3-39　宋墓石刻牡丹（左泸县出土，右合江出土）

图 3-39 的左图为泸县 2000 年出土的浅浮雕牡丹，长 73 厘米，宽 65 厘米，厚 9 厘米，右图为合江 2001 年采集的浅浮雕牡丹，长 97 厘米，宽 56 厘米，厚 15 厘米。两者在构图上一以方形，一以圆形，方者枝叶充斥，圆者疏朗简洁，具有显著的不同之处。

宋人之爱花，可从周敦颐的《爱莲说》中得到证实：

> 水陆草木之花，可爱者甚蕃。晋陶渊明独爱菊。自李唐来，世人甚爱牡丹。予独爱莲之出淤泥而不染，濯清涟而不妖，中通外直，不蔓不枝，香远益清，亭亭净植，可远观而不可亵玩焉。予谓菊，花之隐逸者也；牡丹，花之富贵者也；莲，花之君子者也。噫！菊之爱，陶后鲜有闻。莲之爱，同予者何人？牡丹之爱，宜乎众矣！

从周敦颐的《爱莲说》可知，菊花、牡丹、莲花（荷）是宋人生活中常见的花卉品种，宋墓石刻所见，这三类花卉也是装饰图像的常见品种。

图 3-40-1　　　　　　　　图 3-40-2　　　　　　　　图 3-40-3

图 3-40　合江汉棺博物馆藏宋墓石刻牡丹、荷花、菊花

　　图 3-40-1 为宋代浅浮雕花卉·牡丹图石刻，国家一级文物，2001年 4 月合江县二转盘上段今防疫站附近建筑工地采集。长 97 厘米，宽 56 厘米，厚 15 厘米。石质，打制雕刻而成，整体作长方体，四边及背面无图案，正面石刻剔地圆框内浅浮雕一朵牡丹，别具特色。

　　图 3-40-2 为宋代浅浮雕花卉·荷花图石刻，国家一级文物，2001年 4 月合江县二转盘上段今防疫站附近建筑工地采集，长 97 厘米，宽 54 厘米，厚 15 厘米。石质，打制雕刻而成，整体作长方体，四边及背面无图案，正面石刻圆框内浅浮雕一压地隐起荷花，构图优美，栩栩如生。荷花不是生长在荷塘中的自然姿态，而是被人采摘以后用丝带系扎，在造型上呈现出略微倾斜的艺术表现形式。

四、主仆人物

　　合江宋墓石刻中常见墓主人和侍仆形象。其衣着服饰、附属家具、相关器物，都真实地反映了南宋时代的乡绅、主妇、男侍、女侍等各色人物的日常生活场景。

（一）男主人

宋朝的男装大体上沿袭唐代样式，一般百姓多头着幞头，穿交领或圆领的长袍。

幞头是古代男子通用帽式，又称"帕头""巾""幅巾"或"折上巾"。古代男子留长发，为方便行动，用一块黑色纱、帛、缯或罗，将头发在头顶包裹起来，所以包头巾子很早就出现。而包裹后上部作小小突起，微向前倾，用二带结住，后垂或长或短两带的样式，则起自北周。《宋史·舆服志》载："幞头。一名折上巾，起自后周，然止以软帛垂脚，隋始以桐木为之，唐始以罗代缯。惟帝服则脚上曲，人臣下垂。五代渐变平直。国朝之制，君臣通服平脚，乘舆或服上曲焉。其初以藤织草巾子为里，纱为表，而涂以漆。后惟以漆为坚，去其藤里，前为一折，平施两脚，以铁为之。"①据此可知，幞头始创于后周武帝。周武帝时始以皂纱束发，故称"幞头"。幞，从巾从㒸，㒸声。"㒸"意为"外皮""外衣"，"幞"表示"包裹用的布巾"。"幞头"以皂绢三尺裹发，有四带，二带系脑后垂之，二带反系头上，令曲折附项，故称"幞头"。后来出现的巾、帻和朝冠，即由这种幞头演变而来。历代幞头形象各异，区别点在脚上，主要是脚的软、硬、曲、直等不同形式，以脚区别种类。《梦溪笔谈》卷一说："本朝幞头有直脚、局脚、交脚、朝天、顺风，凡五等。唯直脚贵贱通服之。"②直脚幞头又名平脚或展脚幞头，即两脚平直向外伸展的幞头。局脚幞头两脚弯曲的，《东京梦华录》卷九称为卷脚幞头，幞头角向上卷起。交脚幞头两脚翘起于帽后相交成交叉形的幞头。朝天幞头是两脚自帽后两旁直接翘起而不相交的幞头。顺风幞头的两脚顺向一侧倾斜，呈平衡动势。差役头上戴的幞头是一种近似介帻与宋式巾子的幞头，名为曲翅幞头。另外还有一种不带翅的

①《宋史》卷一百五十三《志》第一百六《舆服五》，北京：中华书局，1977 年，第 3564 页。

②《天工开物　梦溪笔谈》，北京：万卷出版公司，2009 年，第 187 页。

幞头，为一般劳动民众所戴。

以脚的软硬分类，幞头有软里、硬里之别。前引《宋史·舆服志》即对幞头软里、硬里进行了叙述。软里幞头主要用罗、绢作为巾子，缠裹在头上，外形不定，将巾的两脚系结在头上，另两脚则结于脑后，使之并拢下垂，也可屈盘反搭，行动时两脚柔软飘动，文质尔雅，为文人所好。硬里幞头，初用木作"山"，放置在颏前使巾衬起，名为"军容头"，再用纱裹之，使其外形平整固定，后来改用藤草或铁丝织成内型，外糊绢或罗，涂以黑漆，将其两脚平伸，亦称硬脚幞头，其外形稳固平整又雅观。唐朝时，"唯人主得用硬脚。晚唐方镇擅命，始僭用硬脚"①。至宋代，幞头已成为主要的头饰，自天子至王公、列臣及庶民皆可同戴。《梦粱录》中有"文武官皆顶双卷脚幞头……幞头后各以青红头须系之，以表忠节之意。御龙直幞头，一脚指天，一脚曲"②的记载，杭州有专做幞头的"徐官人幞头铺"③，"寺东门大街，皆是幞头、腰带、书籍、冠朵铺席"④，还有"修幞头帽子"的。南宋时期，幞头已是男子首服中不可缺少的重要组成部分，这不仅有文献的记载，还从各地发现的南宋墓葬石刻中人物形象得到证实。

宋代男子的常服（燕居服），在形式上官民没有太大区别，只是在用色上有较为明显的规定和限制。从隋代开始，明黄色为帝王专用，而朝廷内赐的公服用紫、绯色原料制作，因此，一般低级官吏和士民只可穿着黑、白两种服色。《宋史·舆服志》载："士大夫之服，大抵因东都之旧，而其后稍变焉。一曰深衣，二曰紫衫，三曰凉衫，四曰帽衫，五曰襕衫。""进士则幞头、襕衫、带，处士则幞头、皂衫、带，无官者通用帽子、衫、带。又不能具，则或深衣，

---

① 《天工开物　梦溪笔谈》，北京：万卷出版公司，2009 年，第 187 页。
② [宋]吴自牧：《梦粱录》卷一"车驾诣景灵宫孟飨"，北京：中国商业出版社，1982 年，第 4 页。
③ [宋]吴自牧：《梦粱录》卷十三"铺席"，北京：中国商业出版社，1982 年，第 108 页。
④ 孟元老：《东京梦华录》卷三"寺东门街巷"，北京：中华书局，1982 年，第 102 页。

或凉衫。"①两宋常服有以下几种：

袍，有宽袖广身和窄袖窄身两种类型。宋墓石刻中多见着袍者形象。

襦、袄，为平民日常服用的必备之物。

短褐，一种既短又粗的布衣，为贫苦之人穿着，又称简袖的襦。

衫，宋代男人服用，有紫衫、凉衫、帽衫、襕衫之别。紫衫绍兴二十六年（1156）废，凉衫"其制如紫衫，亦曰白衫"，宋孝宗乾道年间因其"有似凶服"而废。帽衫"帽以乌纱、衫以皂罗为之"，南渡后，"服帽衫少矣。惟士大夫家冠昏、祭祀犹服焉"。《宋史·舆服志》记载："襕衫以白细布为之，圆领大袖，下施横襕为裳，腰间有襞积，进士、国子生、州县生服之。"②两宋时期的男子常服以襕衫为尚。所谓襕衫，即是无袖头的长衫，上为圆领或交领，下摆一横襕，以示上衣下裳之旧制。其广泛程度可为仕者燕居、告老还乡或低级吏人穿着。一般常用细布，颜色用白，腰间束带。也有不施横襕者，谓之直身或直缀，居家时穿用取其舒适轻便。

裳，沿袭上衣下裳的古制，宋时男人有用领镶黑边饰的长上衣配以黄裳，燕居时不束带，待客之时以大带束之。

直缀，一种比较宽大的长衣，由于背部有中缝而称"直缀"，士大夫的便服，也是道士、僧人穿的道袍和僧衣。

鹤氅是一种用鹤毛与其他鸟毛合成捻成绒织成的裘衣，十分贵重。

合江宋墓石刻中，墓主人一般端坐椅上。墓主人男性的坐像，多戴幞头，着襕衫，与《宋史》的记载相符，如图3-41所示：

图3-41-1为国家二级文物，1993年合江镇三转盘城市建设出土。石刻高103厘米，宽60厘米，厚5厘米。红砂石质，高浮雕，墓室建筑构件，呈长方形，仕者图，大眼方耳隆鼻，嘴微闭，面像丰满，头戴直脚幞头，幞头两脚左右长而宽，横直不翘，身着圆领襕衫，肚微凸，右手抚握官带，左手置左膝右侧，脚微露，坐于靠背椅上。

---

① 《宋史》卷一百五十三《志》第一百六《舆服五》，北京：中华书局，1977年，第3577、3578页。

② 《宋史》卷一百五十三《志》第一百六《舆服五》，北京：中华书局，1977年，第3579页。

宋代公服幞头，一般都用硬翅，展其两角，只有便服才戴软脚幞头。此像主人公头戴公服幞头，反映其在生前具有官宦的身份。

图 3-41-1　　　　　　　　　　　图 3-41-2

图 3-41　合江汉棺博物馆藏宋墓石刻男墓主①

图 3-41-2 为国家二级文物，1993 年合江镇三转盘城市建设出土。石刻高 74 厘米，宽 46 厘米，厚 10 厘米。红砂石质，高浮雕，墓室建筑构件，呈长方形，仕者位于刻有帷幔的龛内，头戴短脚幞巾，面像丰满，呈微笑状，身着圆领窄袖长袍衫，腰系带，双手笼袖置于腰前，上袍下摆微露两脚尖，坐于靠背椅上。

（二）女主人

宋代妇女的穿着与汉代妇女相似，都是瘦长、窄袖、交领，下穿各式的长裙，颜色淡雅。一般妇女所穿服饰大体沿袭唐五代以来的样式，以上着襦袄、下着长裙为基本组合。服装形态则以衫、襦、袄、褙子、裙、袍、褂、深衣为主，"妇人则假髻、大衣、长裙。"②与唐相比，唐代风气开放，服饰艳丽明亮，且造型也较为大胆。到了宋代，人们的服饰有了较大转变，自热烈奔放转向实用质朴，从

---

① 合江文物画册编委会：《合江文物画册》，第 81 页。
② 《宋史》卷一百五十三《志》第一百六《舆服五》，北京：中华书局，1977 年，第 3578 页。

宽松肥大转为合身剪裁，大趋势由艳丽转为质朴，颜色以红、紫为主，黄次之。宋代妇女服饰，衫大多是圆领或交领、直领、对襟，腰身清秀苗条，下摆多。襦与袄是相似的衣式，襦的造型短小，一般到腰部，对襟，侧缝下摆处开气，袖端细长，衣身较窄。袄是有里子或夹衬棉紧的一种冬衣，对襟，侧缝下摆开气。宋代的裙有六幅、八幅、十二幅的形式，共同的特征是褶裥很多，窄袖衣是宋代女子中普遍流行的一种便服，式样是对襟、交领、窄袖、衣长至膝。

褙子是宋代流行的一种外衣，男女皆可穿着。褙子的形制是长袖、长衣身、对襟，前后衣裾不缝合，两侧衣衩开缝直至腋下，腋下和背后缀有带子，不系结，垂挂做装饰，模仿古代中单（内衣）交带的形式，有"好古"之意。褙子穿着时，腰间需束帛带系住衣身。男子的褙子常衬于公服内，很少外穿。女子的褙子则外穿，并成为典型的常服款式。褙子有直领对襟、斜领交襟、盘领交襟三种，以直领对襟最为普遍。斜领和盘领二式只是在男子穿在公服里面时所穿，妇女都穿直领对襟式的褙子。有身份的主妇穿大袖衣。婢妾穿腋下开胯的衣服，行走较方便。由于侍女经常穿这种衣服侍立于主人背后，因此又得名"背子"。

宋代妇女也有着裤的，一般外面要用长裙掩盖。宋代已开始流行妇女缠足，缠足始于南唐后主李煜。李后主爱妾窈娘，妩媚多姿，能歌善舞。李煜为她筑六尺高的大莲花台子，饰以宝物细带。窈娘用帛缠足，使脚纤小屈突而足尖成新月形，在莲花台上展姿起舞，以博后主欢心。这种风气随之在民间追求时髦的女子之中传播开来。到宋代，妇女不裹小脚被视为粗人，必须自幼被大人缠成三寸之脚才是美女，于是缠足之风盛行。缠足习俗的流行，使妇女的脚形态畸形化，女鞋小而尖翘，鞋尖往往作成凤头样子。图 3-42、图 3-43-1 的妇女穿的就是尖形鞋。

合江宋墓石刻中妇女形象，最突出的一点在于头饰。在整体服饰尚质朴、尚实用的氛围中，宋代妇女对于冠饰的重视显得格外耀眼。宋代妇女的装饰，除发髻饰物外，突出的特点是头上戴冠。据《宋史》记载，宋对自皇后至命妇的冠饰有一定的规定："其龙凤花钗冠，大小花二十四株，应乘舆冠梁之数，博鬓，冠饰同皇太后，皇后服之，绍兴九年所定也。花钗冠，小大花十八株，应皇太子冠梁之数，施两博鬓，去龙凤，皇太子妃服之，乾道七年所定也。""妃首饰花九株，小花同，并两博鬓，冠饰以九翚、四凤。余仿皇后冠服之制，受册服之。""皇太子妃首饰花九株，小花同，并两博鬓。""命妇服。政和议礼局上：花钗冠，皆施两博鬓，宝钿饰。"①上层妇女的头冠带博鬓、装饰精美，地位较低的妇女，一般佩戴花冠。所谓花冠，即用花朵编织而成的冠饰。此后，冠的形状越来越高大，装饰越来越丰富。图3-42、图3-43-2妇女的头饰就是高冠繁复。

图 3-43-1   图 3-43-2

图 3-42 宋女子石俑   图 3-43 合江汉棺博物馆藏宋墓石刻女墓主②

图 3-43-1 为国家一级文物，1999 年 3 月合江县合江镇采集。石刻长 67 厘米，宽 40 厘米，厚 10 厘米。石质，打制雕刻而成，整体作长方体，正面高浮雕一老年贵妇座像，妇女头戴冠饰，冠间疑插一簪子，辫发垂肩，身着开襟窄袖大袍，里着套裤，双手笼袖置于腰前膝上，窄足船尖形鞋露于套裤下，坐于靠背椅上，身后为门饰，

① 《宋史》卷一百五十一《志》第一百四《舆服三》，北京：中华书局，1977 年，第 3535、3536 页。
② 合江文物画册编委会：《合江文物画册》，第 81 页。

格眼饰折枝花，腰华板与障水板为靠背遮挡。体态端庄。与图 3-42
一样，女子所穿的鞋是尖形鞋，可见缠足之风在宋代合江已十分流行。

　　图 3-43-2 为国家二级文物，1993 年合江镇三转盘城市建设出土。
石刻高 120 厘米，宽 60 厘米，厚 5 厘米，红砂石质，高浮雕，墓
室建筑构件，呈长方形。高浮雕石刻凤冠霞帔贵妇图，贵妇头戴凤
冠，两目正视前方，面像丰满，内着圆领广袖衫，外着霞帔，束腰，
腰下垂带一条，两手笼袖置于腰腹前，两脚微露，坐于高靠背椅上，
呈华贵之状。该图像最引人注目之处就是妇女所戴的头冠，看着这
个头冠，不禁让人想起宋无名氏写的《鹧鸪天》所描写的那种"高
侵云汉垂肩久，低拂花梢下脚迟"的冲天头冠。

　　（三）男女侍及其他

　　与正襟危坐的主人相比，男女侍更充满生活气息，他们的举动
更能反映宋代的日常生活。

　　合江宋墓石刻写实地反映了宋代家具的形状。中国的家具，由
矮型家具向高型家具的转向持续了很长时间。汉魏以前，古人都是
席地而坐。今日作为卧具的"床"，在早期是坐具而不是卧具。《说
文》中解释："床，安身之坐者。"显然，坐是"床"的主要功能。
东汉中后期，高坐起居方式进入中土，隋唐五代时期，中国人在起
居方式上，低坐与高坐杂处，经历北宋的发展，至北宋中期，高足
家具出现较多，但作为高坐典型的椅子仍使用较少。

图 3-44　清明上河图（局部）　　　　图 3-45　韩熙载夜宴图（局部）

《清明上河图》是宋徽宗朝的作品，图中可见桌、凳等高足家具

已遍布汴京市井。南宋时期，中国人的起居方式由低坐向高坐定型，南宋人临摹的《韩熙载夜宴图》中已出现高足座椅。椅子作为高坐家具的代表，在宋代有了更为成熟的表现。在人类千余年间逐渐形成的起居概念中，椅和凳的最大区别在于椅有靠背，除了供人垂足坐，还可供人倚靠，所以早期的椅子也称为"倚子"。宋初以后越来越多的椅子以木材来制作，早期的"倚"才逐步演化为我们今天所熟知的"椅"。宋代的椅子主要可以分为圈椅、靠背椅、扶手椅、交椅、玫瑰椅等。

圈椅，因椅圈似罗圈，民间又称"罗圈椅"或"圆椅"。其后背的搭脑与扶手连成圈状，由一条圆滑、流畅似罗圈的曲线组成，故名圈椅。圈椅是一种靠背、扶手形成一个圆弧形整体的椅子，最早出现自五代《宫中图》。宋代文献中有"作栲栳，屈曲竹、木为圈形扶手"的记载，在当时，圈椅也被称为圆椅，装饰上承袭唐、五代风格，搭脑与扶手顺势缓行而下，有的扶手末端再向后反卷，造型已趋于完美。圈椅提供的功能十分独特，人在坐靠它时，不仅肘部有所倚托，腋下臂膀也得到全然支承，感觉格外舒适。圈椅的椅背也多做成了与人体脊椎相适应的 S 形曲线，并与座面形成一定的倾角，人坐于其上，后背与靠背有较大接触面，韧带和肌肉可得到休息。宋代圈椅主要有两种椅圈结构：一是在竖直木条的支撑下形成椅圈；二是在前后腿的向上延伸部分和靠背的支撑下形成椅圈。

靠背椅产生于南北朝，唐代以后使用更加普遍。靠背椅的造型特点是靠背无扶手，椅面一般为方形，拱形搭脑。"搭脑"，是装在椅背之上，用于连接立柱和背板的结构部件，因坐的时候，后仰脑袋搭于其上而得名。搭脑位置正中稍高，并略向后卷，以便人们休息时将头搭靠在上面。靠背椅的造型并不复杂，但宋人将其发展得丰富多彩。从现存绘画和出土实物看，宋代靠背椅的搭脑多为出头式，向两侧伸出很多，以搭脑形状分，宋代靠背椅可以分为直搭脑靠背椅与曲搭脑靠背椅两大类，两大类按靠背的横向与纵向（指靠背与人的脊柱接触处主要木条的方向），又可以分别分为横向靠背式与纵向靠背式两种，其中以直搭脑纵向靠背椅为多。

[宋]佚名《宋人写梅花诗意图》中的圈椅　　江苏武进南宋墓出土木靠背椅

图 3-46　宋代的圈椅、靠背椅

　　在南宋画家的绘画中多见圈椅、曲搭脑靠背椅、扶手椅、交椅，但由于历史原因以及木制家具不易保存等因素，至今在国内少见宋代圈椅的实物或模型。川南地区包括合江、泸县宋墓石刻的出土，使我们得以一睹南宋圈椅、靠背椅的真容。

图 3-47　泸县宋墓石刻中的圈椅①

图 3-48-1　　　　　　　　　　　　图 3-48-2

图 3-48　合江宋墓石刻中的靠背椅②

---

① 政协泸县委员会：《泸县宋代石刻》，第 55 页。
② 合江文物画册编委会：《合江文物画册》，第 82 页。

　　图 3-47 石刻 2002 年出土于泸县牛滩镇滩上村，长 94 厘米，宽 68 厘米。石刻正面雕刻一把圈椅，椅子背后有一呈弧形的屏风，屏风两侧站立两位男侍。男侍头戴软脚幞头，浓眉大眼，身着圆领窄袖长袍，束腰革带。一男侍左手左手肘部弯曲至腹前，托一盘，盘上承放一顶冠帽。另一男侍右臂弯曲至胸前，左臂肘部略上抬，两手合执一瓶状物。

　　图 3-48-1 石刻为国家二级文物，2000 年 3 月合江县先市镇派出所移交。石刻高 62 厘米，宽 68 厘米，厚 9 厘米。红砂石质，高浮雕，墓室建筑构件，呈长方形。石刻背景为单扇门造型，格眼方框内刻一折枝牡丹花；腰华板内刻折枝荔枝；障水板被一高靠背椅所挡。中为高足高靠背空椅，弧形靠背；空椅左右各侍立两女侍。左面侍女头绾小髻，面部丰满端庄，身着圆领长裙，双手前拢于袖置于胸，捧一盒，腰系带，站立于基座上；右面侍女头绾髻，面容秀丽，身着圆领长裙，双手捧奁盒，站立于基座上。

　　图 3-48-2 石刻为国家三级文物，2000 年 3 月合江县先市镇派出所拨交。石刻高 57 厘米，宽 55 厘米，厚 10 厘米。石质，浮雕，呈长方形。画面中右刻一女侍呈站立状。头挽高髻。饰头巾。面相丰满圆润。呈微笑状。身着圆领长袍。腰系革带。双手笼袖，置于胸前，上挂巾，双脚鞋尖露于袍下摆。女侍右置一空椅，为无扶手素面靠背椅。女侍和空椅之后为帷幔挂帘。

　　上面三图，都有一个共同特点，即中间的座椅是空的，不像图 3-41、图 3-43，座椅上有主人端坐其上，有学者推测，"其寓意可能也是在等候遥远的将来，待墓主人的亡灵和肉体归来时享用。"[①]

　　"交椅"的称呼始见于宋代文献，目前尚未发现当时的实物，但其来源甚早。汉灵帝时，从北方传入了一种绳床。绳床是双足交叉的，可以折叠，类似现代的马扎。绳床也被称为"胡床"。隋朝时，因为忌讳说"胡"字，而且这种椅子的特点是木头的双脚交叉，张

---

① 霍巍：《泸州宋墓的时代风格》，《泸州市博物馆藏宋墓石刻精品》，北京：中华书局，2016 年，第 204 页。

开后才能平稳，所以改名为"交床"。"交床"以榫卯为核心，工艺上并不复杂，但在隋唐五代时期"席地而坐"被视为尊贵的做法，因而隋唐时期并不流行"交床"，经五代十国至宋代，"垂足坐"逐渐取代席地坐成为主要坐姿。在宋代的人物风俗画中，垂足坐的形象已普遍可见。随着中国人坐姿的改变，交椅在宋代流行开来。南宋时，人们将交床改称为交椅。不仅适于居家使用，更由于便于携带，成为人们外出携带的常备之器。《梦粱录》在"家生动事"条中列有"卓、凳、凉床、交椅、兀子、绳床、竹椅、裙厨、衣架、基盘、面桶、脚桶、浴桶、大小提桶"①等物品，可见在南宋时期，交椅与其他日用器具一样，已经成了普通商品。

图 3-49　南宋肖照《中兴瑞应图》中的两件交椅

图 3-50　合江宋墓石刻中的交椅②

　　图 3-50 石刻为国家二级文物，2000 年 3 月合江县先市镇派出所拨交。石刻高 90 厘米，宽 40 厘米，厚 8 厘米。红砂石质，浮雕，长方形。侍男头戴软脚幞巾，面像丰满，张口，双眼微闭。身着圆领窄袖布巾长袍，内着长裤，腰束带，双手持可折叠的"交椅"。

　　高起居家具的使用，导致人们的生活产生了变化。在低坐时代，

---

① [宋]吴自牧《梦粱录》卷十三"诸色杂货"，北京：中国商业出版社，1982 年，第 110 页。

② 合江文物画册编委会：《合江文物画册》，第 82 页。

人们对铜镜的使用主要以手持为主，而随着高坐起居方式的逐渐流行，开始出现了镜架，而且不少镜架也是高型的。合江宋墓暂未发现高型镜架，但泸州市博物馆藏有两件宋石刻，清楚地反映了这种变化。

图 3-51　泸州市博物馆藏持镜架侍女①

图 3-51 中左图石刻长 121 厘米，宽 50 厘米，厚 16 厘米。侍女头梳双髻，身穿窄袖衫，腰间系带，身体微向前倾。双手捧盘，左手食指遥指左方，镜架置于莲花盘上，仿交椅形制，上部用支架置放镜面。图 3-51 中右图石刻长 121 厘米，宽 46 厘米，厚 10 厘米。侍女头梳双髻，内着曲裙抹胸、长裙，外罩窄袖衫，腰间系带，双手捧盘，上置交椅式镜架。

合江乃至整个泸州宋代石刻表现了宋代妇女多姿多彩的头饰。从总体上讲，宋代社会风尚从唐的开放渐渐地变得收敛起来，因而宋代女子面部的妆容多以素淡为主，极少浓艳鲜丽，但于发髻却仍然沿袭前朝样式而秀气精致。

发髻是古代妇女常用的一种发式。所谓发髻，是挽束头发，将

---

① 《泸州市博物馆藏宋墓石刻精品》，北京：中华书局，2016 年，第 136、137 页。

其做结于头顶或颅后。从出土实物看，商代男女多梳辫，梳髻发式始于西周，至战国已相当普遍，此后两千多年中，中国妇女的发型便一直以梳髻为主。发髻形制虽千姿百态，名目繁多，但总体上不外两种类型，一种是梳在颅后的垂髻，一种盘在头顶的高髻。

高髻有朝天髻、同心髻之分。朝天髻是一种梳高髻于头当顶的一种髻式，五代开始流行，宋代仍沿袭。①同心髻比朝天髻的形制要简便，一般只要将头发挽至头顶，编成一个圆形发髻即可。

图 3-48-1 构图优美，令人注意之处除荔枝（第四章详述）、高靠背椅外，还在于它很细致地刻画了妇女的高髻。把图中妇女的发髻与重庆大足石窟中的南宋农家养鸡女石刻比较，可见她们都梳着高髻。参见图 3-52。

图 3-52　宋代妇女的高髻（中为重庆大足石窟中的南宋农家养鸡女石刻，右为合江宋墓石刻局部）

宋代还流行一种"包髻"。"包髻"是在发髻梳成之后，用绢、缯之类的布帛将发髻包裹起来。此种发式的特征在于绢帛布巾的包裹技巧上，将其包成各式花形，或做成一朵浮云等物状，装饰于发髻造型之上。图 3-52 是图 4-6 女主人的头部，她的头髻似乎是经过了包裹，因此笔者认为它应该是包髻。

①《宋史·志十八·五行三·木》："蜀孟昶末年，妇女竞治发为高髻，号'朝天髻'。"

图 3-53 合江宋墓石刻女主人头部

　　宋代仍流行唐代的双髻，梳这种发髻的多为未出嫁的少女。合江宋墓石刻中也可见双髻少女。

图 3-54 宋代梳双髻的女孩（合江汉棺博物馆藏）

　　图 3-54 的两个女孩都梳着双髻，她们都是服侍女主人的小丫头。面像秀丽，柳眉杏眼，表情含蓄端庄。

　　梳发结辫是西周以前女子时髦的发式。战国以后，随着发髻的流行，汉族女子编辫日渐减少，但在少数民族地区仍保留着梳辫的习俗。《史记·西南夷列传》有"编发，随畜迁徙"的记载。合江地区自魏晋至宋，长期处于汉夷交界之地，女子梳辫的习俗尚有遗存。

图 3-55　合江宋墓石刻中的两位女主人

　　这两位妇人，从面容来看，年龄差不多，左边一个梳辫，右边一个挽髻，其族属左图似为夷僚，右图应是汉人，综合起来看，这些图像对研究宋元时期泸州地区民族交融具有相当重要的考古价值。

第四章
合江宋墓石刻反映的宋代合江社会状况

宋代的合江社会状况，文献记载很少，其居民构成、经济状况和文化发展，都存在很大的空白。墓葬是当时社会经济文化风俗的典型表现，研究墓葬可以发现墓葬时代的社会风俗和经济政治状况。宋墓石刻的发现为我们研究历史上的合江社会状况提供了第一手资料。

第一节　合江宋墓石刻反映的人口变化

宋代合江人口结构，我们大致推测由三部分组成。一是自秦汉以来即定居于此的土著民众，一是近世迁居合江的汉人，一是魏晋以来迁入合江的少数民族。由于文献的缺乏，我们仅能做一些推论，但合江发现的宋墓石刻为我们的推论提供了确凿证据。

泸州地区发现的宋墓，其主人大多是历史上寂寂无闻之辈。全市发现的镌刻有年代的铭文极少，目前已知有六通：泸县三通，包括奇峰镇二号墓墓志铭，78字，牛滩镇征集的《张氏族谱》石碑，272字，喻寺镇一号墓出土的《古君德骏墓志铭》，300余字；泸州市博物馆两通，镌刻均很简陋，一通有60余字，一通字迹模糊，依稀可辨百余字；合江一通，即合江榕右乡永安村出土的《宋故侯居士墓志铭》，该墓志铭是迄今为止泸州地区发现的字数最多，镌刻质量较好的墓志铭，《宋故侯居士墓志铭》厚65厘米，宽70厘米，高120厘米，宋体字，竖行26行，满行46字，全文计1 145字，对研究宋代川南地区的人口变迁有极大的史料意义。

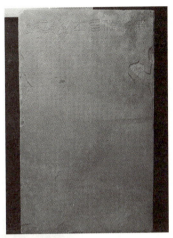

图 4-1　宋故侯居士墓志铭

宋故侯居士墓志铭释文如下：

宋故侯居士墓志铭

　　皇宋左朝奉郎前知雅州卢山县主管劝农公事兼兵马都
监黄皋撰

　　近世葬者必乞铭以赞其墓，从古制也。而议者乃谓官无显业、士乏著行不如其已。噫嘻，此言过矣。夫欲为是铭，盖将传斯名於不朽，其行藏虽未能传远，亦或行一乡与一时，彼得以观其铭，则已心知善为可为而恶为可避。故常矜慎自勉以冀身后之名者有矣。后之人又能揄扬夸大以为显亲之孝，则皆为善之人耳。人乐为善，义当共成其名，以助风教，岂宜执责备之论以扼之哉？

承节郎侯时英泣谓皋曰：兄弟不天，遽失所怙。念终无以为罔极之报，独惟吾先人平生行事犹在，大惧其泯没不传。丐予铭之，庶少赎时英兄弟不孝之罪。皋既过前言之不恕，重以时英兄弟恳切，而所录行状有足嘉者，铭将何辞。

居士讳鸣，字信臣，姓侯氏。其先资中人，曾祖光，祖继迁，父贯，皆晦德不仕。继迁因游泸州过安乐山，爱之，遂徙居为合江人。居士为儿时，常聚沙土以像佛塔为戏，其父遣从学，乃密取佛书读之，若有得者。徐谓人曰，世为五斗粟折腰，孰若了一性，悟自己本来？进取非吾计也。事父母毕丧，以孝闻。季父母无子，事之愈于所生。奉其丧礼弥谨。善经画生事，区处家人如官府。凡利之入，各有所专。故居士不劳，常操赢余，以足用度。

靖康初，朝廷下劝诱助国之诏。居士曰，方时艰虞，智者献谋，勇者竭力，富者出财，其为忠义一也。私藏无益，孰若推之少资国计邪？赏则吾不觊也。未几，命下，补其子时英右职。曰汝以忠义得官，当思其名以求报效。识者重其言。乐于教子，储书满屋室。辟黉宇招名士教导。由门馆登第者三数人。诱训诸子不严而服其教。虚馆寻师，师来，剧饮尽欢，往往达旦。一日无客则不乐，喜酒健啖至老不衰。能赒人之急。贫者随宜给济；病者奉药粥；死者具棺舍殓以葬。有求墓田者，不取一钱与之。以故亲旧伎术士人愿舍于其侧者十七八。持释老戒甚严。每斋醮必精洁。寅奉云车风马间有异应，见者服其至诚。市牒以度僧道至名山胜刹，则舍财设供，皆本于好施然也。僧道得度，有诣谢者，教曰释迦老子正宗具在，如水现月，如云出山，随取随得，学道及佛当精进，以求其心为明了人。吾虽不出家，未尝一日不在念矣，好尚信向如此。

绍兴元年夏忽婴疾，诸子求医。不许，乃曰修短死生有命，就医求活诚非达者。吾死，汝等能□□□□□矣。诸子力丐召医。从之，对医者语如平时，但不进药饵。一日或命长孙定国侍纸笔，亲书二偈：八十年来□□，□□切勿烦恼，今朝撒手归家，流水落花依旧。又曰：一生兀兀岂曾闲，今日辞乡别世缘，泥牛绳断牧童去，伏惟发□□□□。元年七月二十五日卒。

呜呼，居士学佛出于天性，童耄一如终悟禅识。二偈虽不事辞律，而照了如此，所得多矣。享年七十有六，生五子，长曰旬，早卒；次曰时英，承节郎；次曰时升、时敏、时用，皆业儒有进望；一女适进士李兢厚。分予无咎意，孙息七人。诸孤卜以绍兴四年二月十七日，奉其丧葬于合江县龙子山震岗之下。

铭曰：形不离俗，而有佛心，俗未断缘，所作爱钦，照了知归，龙山之阴，一烛去来，自无古今。

绍兴四年岁次甲寅二月//开封进士孙宗孟篆额//泸川进士先自治书丹

永安村 14 社发现的这处墓葬，空间高敞，高达 3.8 米，墓室主人叫侯鸣。据铭文可知，宋故侯居士墓志铭勒石年代是宋高宗绍兴四年，即 1134 年。墓志铭由朝奉郎前知雅州卢山县主管劝农公事兼兵马都监黄皋撰，开封进士孙宗孟篆额，泸川进士先自治书丹。其中，墓志铭的撰文黄皋为执事官，曾任雅州卢山县知县，但宋史无载。朝奉郎，官名，宋初为文散官，品秩六品。兵马都监为武职，掌本处屯驻、兵甲、训练与差使之事。劝农公事是宋代知县的本职，中国自古以农立国，形成劝农传统，秦汉以来逐步建立了制度保证体系。这种制度保证体现在职官上，是各级长官加劝农衔，宋代的州县长官以及路级的转运使、提点刑狱等都以"劝农"入衔。转运使、提点刑狱、一定级别的知州带"劝农使"衔，通判等带"劝农事"衔，知县带"劝农公事"衔。宋代官员带"劝农"职衔后的任务是教化民众不误耕时，察举官员，处理田讼，推广先进农业技术。其余二位进士出身，无官职衔，从题款可知二人分别是开封、泸川人士。黄、孙、先三人或为流寓合江的文人，与墓志铭委托人相熟而各自承担撰文、篆额、丹书的任务。

墓志铭清楚地显示，委托人叫侯时英，任武职"承节郎"。承节郎，宋阶官名，从九品。按徽宗政和（1111—1117）中，定武臣官阶五十三阶，第五十一阶即为承节郎。由此可知侯时英是个下级军官。

墓志铭的主人叫侯鸣，字信臣，其先资中人。通过墓志铭，我们较为清楚地了解了侯鸣的家世、生平、子嗣。侯鸣，宋代合江庶民居士，祖继迁"因游泸州过安乐山，爱之"，由资中徙居合江，遂为合江人，至侯鸣时，侯氏为合江人已历三世。侯氏非官宦之家，由侯鸣上推三世，"曾祖光，祖继迁，父贯，皆晦德不仕"。根据墓志铭可知侯鸣活了七十六岁，绍兴元年（1131）夏患疾，七月二十五日卒，终年 76 岁，由此上溯可知侯鸣生于宋仁宗天圣三十四年（1055）。其祖继迁徙居合江时，究竟是举家迁徙还是到合江后再成家业，墓志铭未有片言只语，但从"（侯鸣）事父母毕丧，以孝闻。季父母无子，事之愈于所生"可知，侯继迁至少有二子，即侯鸣父侯贯和其季父侯某，而侯鸣其余亲属关系，除五子一女和季父母外，别无提及。

侯鸣少即好佛，其父"遣从学，乃密取佛书读之，"故读书多为佛经，"若有得者"。长大后对功名不感兴趣，"进取非吾计也"，但善经营，"常操赢余，以足用度"。家境称得上是一方富户，为人乐善好施，"一日无客则不乐，喜酒健啖至老不衰"，育有五子一女。

从墓志铭中可看出宋代一般乡绅士人的政治心态，他们大都对政治、社会富有热情，怀有"以天下为己任"的责任感和使命感，崇尚气节，努力于经世济时的功业建树中，实现自我的生命价值。

侯鸣一生，经历了宋代历史上靖康之耻的时代巨变。从墓志铭可知，靖康之变对僻处川南的合江地区也颇有震动，"方时艰虞"，"朝廷下劝诱助国之诏"，侯鸣积极响应朝廷号召，"富者出财"，"私藏无益，孰若推之少资国计邪"，次子侯时英由是"以忠义得官"，补承节郎。概括侯鸣一生，有三大要事，其一是信佛礼佛，"居士为儿时，常聚沙土以像佛塔为戏"，及长"持释老戒甚严。每斋醮必精洁"。其二是"辟黉宇招名士教导"，"乐于教子，储书满屋室"，且教育卓有成效，"由门馆登第者三数人"。其三是"能赒人之急"，"贫者随宜给济，病者奉药粥。"在乡民中口碑甚好，"以故亲旧伎术士人愿舍于其侧者十七八"。

　　侯居士墓志铭为我们提供了一个移民入籍经世传成为土著的典型案例。笔者曾在《石棺密码——合江汉代画像石棺研究》中推断，先秦时期的合江主要居民应是巴人、濮人，秦并巴蜀后设巴郡，动员秦民万家入蜀，秦统一后，又将一批六国贵族和工商豪强迁移巴蜀，合江属巴郡，这些迁入巴蜀的移民一部分可能移居合江。后来西汉武帝时期唐蒙"将千人，食重万余人，从巴属莋关"出发通夜郎，这"千人""万余人"不可能全部跟随唐蒙踏上征途，必然有大量人员留滞后方基地扼守关津要隘，保障后勤供给，因此合江作为唐蒙通夜郎的前进基地和后勤供应基地，必然麇集大量人员，时间一长，这些人融入当地成为合江土著。①但这个推论仅仅是基于逻辑而缺乏实证。侯居士墓志铭则以实物文献史料形式确凿无疑地提供了合江历史上移民成为土著的案例。侯居士祖侯继迁寓居合江后，开枝散叶，三世至侯鸣，侯鸣五子一女，成为地方上的富户。其子女虽婚配情况不明，但"业儒有进望"，子又有子，子又有孙，按20年为一代，一代五口之家的人口统计，侯氏一家至四世无疑已发展到二十余口了。至于其子孙配偶情况，或为合江历史上的传统土著，或为僚人汉化，或为其他地区迁入的汉族移民，不得而知。总

---

① 参见贾雪枫：《石棺密码——合江汉代画像石棺研究》，成都：四川大学出版社，2014年。

体而言，侯鸣一家是汉人，侯鸣这种典型的乡绅之家致力于子女的教育，汉文化成为合江地区的主体文化，这从墓志铭"储书满屋室""由门馆登第者三数人"的夸耀中得到证实。

　　侯居士墓志铭提供了汉人迁入合江的例证。而合江宋墓石刻似还提供了僚（夷）人汉化的实证。如第一章所述，魏晋以来，今宜宾、泸州一带僚人内迁数量众多，咫尺之遥的合江势难避免，汉僚（夷）杂居是必然之事。图 4-2 刻一个老妇人，梳发辫，衣饰却明显是汉人装束，呈现一种既汉化又保留原属族属一些生活习惯的特点，这是汉僚杂居通婚的有力证据。

图 4-2　合江宋墓石刻中梳发辫的妇人

　　我们知道，古代汉族自春秋战国时代起，男女发型多梳成髻，妇女有的亦髻亦鬓，而少数民族多编辫，《华阳国志》云："滇濮、勾町、夜郎、叶榆、同师、嶲唐侯王国以十数。编发左衽，随畜迁徙。"①合江宋墓石刻除侯居士墓志铭确凿标明"绍兴"外，多无确切年代，观此图亦汉亦僚（夷）的妇人装束，反映出其处于完成汉化的过程之中。南宋之初，川南地区的民族融合步伐加快，当时叙州管辖的少数民族聚居区，不仅经济发展起来，而且社会习俗也趋近于汉民，"多沃壤，宜耕稼，其民被毡椎髻，而比屋皆覆瓦如华人

①　[晋]常璩撰，唐春生等译：《华阳国志·南中志》，重庆：重庆出版社，2008 年，第 322 页。

之居，饮食种艺多与华同"^①。这是僚民聚居区的情况，散居、杂居者，汉化程度应更深。据前述合江地区的文化地理位置，其境内的僚民应不同于叙州的聚居而更可能是与汉民杂居，合江地区僚民的汉化程度不应低于叙州，汉僚之间的交往应比叙州更顺畅，"与华同"的现象比叙州更普遍和更深入。因此这方亦汉亦僚（夷）的石刻，我们认为它反映了当时合江地区的民族通婚交融情况汉僚（夷）的交错杂居与融合，形成了好勇争胜的民风，这种民风与理学新儒家讲求忠义节气的精神相结合，乃有宋末坚持数十年的抗战。

第二节　合江荔枝栽培实证

合江是全国晚熟荔枝的主产区。在现代合江荔枝、青果、柑橘、百花桃等水果中，荔枝是栽培历史最悠久的农产业支柱产品，也是合江最著名的土特产，作为合江对外宣传的一个鲜艳醒目窗口，向来为县人所推重。合江不仅每年举办荔枝节，而且大力发掘其历史内涵。其中最惹人眼目的无疑是唐明皇与其妃笑啖荔枝的轶事。"江城七月荔枝丹，绿叶红实满树缠。妃子哪知身后事，当时飞马一时欢。"所谓"妃子哪知身后事"，指的是唐朝杨贵妃喜食荔枝，由此而生出的荔枝产地、荔枝保鲜、荔枝运输等一系列问题。

> 长安回望绣成堆，山顶千门次第开。一骑红尘妃子笑，
> 无人知是荔枝来。

杜牧一首短小绝句引出一桩历史公案。妃子笑啖的荔枝究竟从哪里来？又如何来？成为各地竞相追逐的目标。

中国古代最早出现的关于荔枝的文献是西汉时期司马相如的《上林赋》，当时的文中写作"离支"。需要说明的是，在上古汉语中

---

① [宋]李心传：《建炎以来朝野杂记》乙集卷二十"辛未利店之变"。

"离"有割取之意，如"牛羊之肺，离而不提心"①，句中的"离"就是"割取"。"支"通"枝"。所以，"离支"应是割去枝丫之意。明代李时珍也认可。《本草纲目·果三·荔枝》（释名）："离枝，丹荔……司马相如《上林赋》作'离支'。按白居易云：若离本枝，一日色变，三日味变。则离支之名，又或取此义也。"②从文献看，大约从东汉开始，"离支"已经写成今名"荔枝"了。

荔枝号称果中之王，其树喜高温、高湿，喜光向阳，"是广东、广西、福建南部和四川南部等地广泛栽培的果树，具有很大经济意义的典型热带果实之一。荔枝来源于热带，比橘柑更易为寒冷气候所冻死，它只能抵抗-4 ℃左右的最低温度"③。荔枝对温度的要求是年平均 18 ℃至 26 ℃，最适宜的温度是年平均 22 ℃至 25 ℃，尤其冬季不耐冰雪霜冻，气温低于 2 ℃就可能影响来年产量；低于 0 ℃，嫩枝就会冻死，来年产量极大减少；低于-2 ℃，部分老树枝也会冻死，来年就基本绝收；低于-4 ℃，所有荔枝树都会冻死。民间有"当日荔枝，背日龙眼"的传说，说明荔枝需要较充足的日照。荔枝产地既少，产量又低，果实鲜红可爱，果味酸甜适中，自古及今向来号称"果中之王"，宋蔡襄便记载道：《列仙传》称：'有食其华实为荔枝仙人'……其木坚理难老，今有三百岁者，枝叶繁茂，生结不息，此亦其验也。"④由于荔枝生长对气候环境的苛刻要求，因此我国具备荔枝生长条件的地区不多，四川南部是荔枝栽种的北界。

我国著名气象学家竺可桢先生对中国近五千年来的气候变迁进行研究，他"根据历史和考古发掘材料，证明我国在近五千年中，最初二千年，即从仰韶文化时代到河南安阳殷墟时代，年平均温度比现在高 2 ℃左右。在这以后，年平均温度有 2～3 ℃的摆动，寒

---

① 《礼记·少仪》，《周礼·仪礼·礼记》，长沙：岳麓书社，1995 年，第 419 页。

② 钱伟：《"荔枝"释名》，《咬文嚼字》，2015 年第 10 期。

③ 竺可桢：《中国近五千年气候变迁的初步研究》，《考古学报》，1972 年第 1 期。

④ [宋]蔡襄：《荔枝谱》第四。

冷时期出现在公元前一千年（殷末周初）、公元四百年（六朝）、公元一千二百年（南宋）和公元一千七百年（明末清初）时代。汉唐两代则是比较温暖的时代"①。因此汉唐两代荔枝的栽培北界北移。但是即便如此，荔枝栽培的北界仍止于巴蜀，从没越过秦岭。据《三辅黄图》记载，汉武帝曾有移植荔枝的多次尝试，"汉武帝元鼎六年，破南越起扶荔宫。……荔枝自交趾移植百株于庭，无一生者，连年犹移植不息。后数岁，偶一株稍茂，终无华实，帝亦珍惜之。一旦萎死，守吏坐诛者数十人，遂不复莳矣"②。所以皇帝所食荔枝"其实则岁贡焉，邮传者疲毙于道，极为生民之患"③。

巴蜀则不然，自古即有荔枝栽培记载。《华阳国志·蜀志》载：僰道县"有荔芰（枝）、薑、蒟"。江阳郡"有荔芰（枝）、巴菽、桃枝、蒟、给客橙"④。从古籍记载看，汉代僰道、江阳一带最早栽培和管理荔枝的是西南夷，《太平御览》引《郡国志》云："西夷有荔支园。僰僮，施夷中最贤者。古之谓僰僮之富，多以荔支为业，园植万株，树收一百五十斛。"⑤这些荔枝是土生荔枝，与岭南荔枝不是同一种类。到唐朝时，由于气候的转暖，荔枝栽种的北界移到成都、眉山一带，唐朝诗人张籍（765—830）作《成都曲》一诗，诗云："锦江近西烟水绿，新雨山头荔枝熟。"反映了那时成都附近能够看到荔枝成熟的景象。女诗人薛涛《忆荔枝》："传闻象郡隔南荒，绛实丰肌不可忘。近有青衣连楚水，素浆还得类琼浆。"言之凿凿地道明其所食荔枝既有来自两广者——"传闻象郡隔南荒"，荔枝果实的外观和味道都令人难以忘怀——"绛实丰肌不可忘"；又有来自四川本土者——"近有青衣连楚水"，且四川本土所产荔枝品质并不

---

① 竺可桢：《中国近五千年气候变迁的初步研究》，《考古学报》，1972 年第 1 期。

② 何清谷：《三辅黄图校注》，西安：三秦出版社，1998 年，第 195、196 页。

③ 何清谷：《三辅黄图校注》，西安：三秦出版社，1998 年，第 195、196 页。

④ [晋]常璩撰，唐春生等译：《华阳国志·蜀志》，重庆：重庆出版社，2008 年，第 318、319 页。

⑤ 《太平御览》卷一百九十七《居处部》二十五，石家庄：河北教育出版社，1994 年，第 839 页。

差——"素浆还得类琼浆"。"青衣"当泛指今乐山一带。乾道九年（1173），陆游在四川宣抚使王炎幕府任职，被派摄理嘉州政事，在这里，他见到了"荔子熟"，且"凌云山、安乐园皆胜处"①。至北宋末，东京仍然还可见到荔枝，孟元老《东京梦华录》载东京夏天有"间道糖荔枝"卖，用"梅红匣儿盛贮"②。陆游《老学庵笔记》载："宣和中，保和殿下种荔枝成实，徽庙手摘以赐燕帅王安中。且赐以诗曰：'保和殿下荔枝丹，文武衣冠被百蛮。思与廷臣同此味，红尘飞鞚过燕山。'"③宣和是宋徽宗年号，其时宫中荔枝还能成熟，证明竺可桢先生的研究具有坚实的历史事实支撑。

杨贵妃嗜荔枝的奢侈事迹见《新唐书·玄宗贵妃杨氏传》。传云："妃嗜荔枝，必欲生致之，乃置驿传送。走数千里，味未变已至京师。"④《新唐书·礼乐志》也载："帝幸骊山，杨贵妃生日，命小部张乐长生殿，因奏新曲，未有名，会南方进荔枝，因名曰荔枝香。"⑤两个记载均未提荔枝来自何处。检诸史料，古来为朝廷进贡荔枝的产地，概括起来有三说，这就是宋代蔡襄撰《荔枝谱》开篇即说的"荔枝之于天下，唯闽粤、南粤、巴蜀有之"⑥。

一说来自岭南，即南粤。其主要史料支撑如下：唐人李肇《唐国史补》卷上载："杨贵妃生于蜀，好食荔枝。南海所生，犹胜蜀者，故每岁飞驰以进。然方暑而熟，经宿则败，后人皆不知之。"⑦杜甫《病桔》诗："忆昔南海使，奔腾献荔枝。"天宝末进士鲍防《杂感》诗："五月荔枝初破颜，朝离象郡夕函关。雁飞不到桂阳岭，马走先过林邑山。"

① 陆游：《老学庵笔记》卷四，北京：中华书局，1979 年，第 54 页。
② 孟元老：《东京梦华录》卷二"州桥夜市"，北京：中国商业出版社，1982 年，第 14 页。
③ 陆游：《老学庵笔记》卷三，北京：中华书局，1979 年，第 36 页。
④ 《新唐书·后妃传卷七六·玄宗贵妃杨氏传》，北京：中华书局，1975 年，第 3494 页。
⑤ 《新唐书·志十二·礼乐十二》，北京：中华书局，1975 年，第 476 页。
⑥ [宋]蔡襄：《荔枝谱》第一。
⑦ [唐]李肇：《唐国史补》卷上，上海：古典文学出版社，1957 年，第 19 页。

　　一说来自巴蜀。其说又有涪州、泸州、嘉州、忠州，以涪州、泸州为主。涪州说的主要史料支撑如：苏轼《荔枝叹》有句："永元荔支来交州，天宝岁贡取之涪。"诗自注："汉永元中交州进荔支龙眼，十里一置，五里一候，奔驰死亡，罹猛兽毒虫之害者无数。……唐天宝中，盖取涪州荔支，自子午路进入。"范成大《吴船录》卷下："自眉嘉至此，皆产荔枝，唐以涪州传贡，杨太真所嗜，去州数里，有妃子园，然品实不高。"①泸州说的主要史料支撑如：宋人罗大经《鹤林玉露》"又如荔枝，明皇时所谓'一骑红尘妃子笑'者，谓泸戎产也，故杜子美有'忆向泸戎摘荔枝'之句。是时闽品绝未有闻，至今则闽品奇妙香味皆可仆视泸戎。"②嘉州缺乏明确史料，在忠州，范成大曾见"又有荔枝楼，乐天所作"。在开江，他游瑞光阁，见"阁前有大荔枝两株，交柯蔽映。入蜀道，至此始见荔枝。"③

　　一说来自闽粤，即福建。蔡襄《荔枝谱》载："验今之广南州郡与夔梓之间所出，大率早熟，肌肉薄而味甘酸，其精好者仅比东闽之下等，是二人者亦未始遇夫真荔枝者也。闽中唯四郡有之，福州最多，而兴化军最为奇特。泉、漳时亦知名，列品虽高而寂寥无纪。"④范成大《吴船录》也载："今天下荔枝，当以闽中为第一，闽中又以莆田陈家紫为最。"⑤

　　以上三说，采岭南、涪州者居多。岭南贡荔枝，早在《后汉书》即有记载：东汉元兴元年因"旧南海献龙眼荔枝，十里一置，五里一候，奔腾险阻，死者继路"⑥而罢其贡。而杨贵妃所食荔枝，唐人多指自岭南，北宋中叶以后则多说自涪州。《天宝遗事》中记载："贵妃嗜荔枝，当时涪州致贡，以马递驰载，七日七夜至京。人马多毙于路，百姓苦之。"《元和郡县图志》卷三〇"涪州"条载涪州至上都（长安）道路里程："从万州北开州、通（州）、宣（汉）县及洋

---

① [宋]范成大：《吴船录》卷下。
② [宋]罗大经：《鹤林玉露》丙编卷四"物产不常"。
③ [宋]范成大：《吴船录》卷下。
④ [宋]蔡襄：《荔枝谱》第一。
⑤ [宋]范成大：《吴船录》卷下。
⑥ 《后汉书·和帝》卷四，北京：中华书局，2007年，第53页。

州路至上都二千三百四十里。"①当代史学家严耕望著有《唐代交通图考》一书，其第四卷山剑滇黔区篇《天宝荔枝道》载："涪州既为天宝贡荔枝之主要产地，其由涪州驿运荔枝至长安之路线。越巴山山脉，至天宝间之洋州治所西乡县，又东北取子午谷路越大秦岭。入子午谷，约六百三十里至长安。"严耕望先生分析说，涪州至长安，陆路不过二千二百数十里，少或不逾二千里，唐代急驿日行五百里，为杨贵妃特嗜，可能更增加速度，故"人马毙于路者甚众，百姓苦之"。若需要七日夜，则一日夜只行三百里，何致人马倒毙耶？或云七日者，正为由岭南贡荔之日数欤？然七日驿到，荔枝已败坏矣。因此，他认为涪陵到长安有一条荔枝道，路线为：涪陵—万州—达州—万源—西乡—洋县—子午谷—长安，全程七日抵达。②但是，考之文献，相互矛盾处甚多，《太平寰宇记》在提到涪州土产时只说有"连头獠布、金、文铁、席"③，并未提到荔枝，泸州的特产反倒是"大黄、杏仁、石青、石绿、斑布、荔枝、鳇鱼、楠木、花斑罩、茶"④。

　　古代四川对外交通艰难，全国各地通往古代蜀地的道路被称为蜀道。蜀道分很多条道路，联系陕西、四川，由陕入蜀的，有陈仓道、褒斜道、傥骆道、子午道，从汉中翻越大巴山入蜀的有金牛道、米仓道、洋巴道，联系云南、四川的，有五尺道等。而茶马古道、丝绸之路等名称，是后人根据其功能命名的，以前并无此名，显示的是一种贸易特征。荔枝道因为一个历史事件和杜牧的一首诗，研究者方才冠以此名。严耕望关于存在荔枝道的观点一经披露，立即引起有关方面的关注。由于缺乏翔实的史料记载，荔枝道的走向模糊不清。2011 年，四川省启动蜀道申遗工作，各地闻风而动，纷纷

---

① 《元和郡县志》卷三十，北京：中华书局，1983 年，第 738 页。

② 严耕望：《天宝荔枝道》，《唐代交通图考》第四卷《山剑滇黔区》篇二七，台湾"中研院"历史语言研究所专刊之八十三，1986 年。

③ 《太平寰宇记》卷一百二十《江南西道》十八"涪州"，北京：中华书局，2007 年，第 2391 页，校勘记云："《舆地纪胜》涪州引本书云：'地产荔枝，其味尤胜诸岭'……此当脱。"

④ 《太平寰宇记》卷八八《剑南东道》七"泸州"，北京：中华书局，2007 年，第 1740 页，校勘记云："嘉庆重修《一统志》'泸州土产荔枝、楠木'，引自明统志，此疑后人串入。"

组织力量开展相关考察工作。据《达州晚报》载，2016 年 3 月，20 多名国家、省级文物专家来到达州市，对达州市境内的"荔枝道""米仓道"和宋元时期山城遗址等进行了为期 8 天的考古调查，目的在于通过专家们的实地调查和对文献史料的检阅，对达州境内荔枝道和米仓道的具体走向做进一步明确细化，同时弄清古道沿线古迹的现状。[①]经过 2015 年 3 月和 2016 年 3 月两次专家实地考证，基本确定了荔枝道的初步走向：涪陵—垫江—梁平—开江（大竹、达川区）—宣汉（大成乡瓦窑坝折入三桥、隘口、马渡）—平昌县—万源市（鹰背乡、庙垭乡、秦河乡、玉带乡、魏家乡）—通江县—再入万源市（竹峪乡、虹桥乡）—镇巴县—西乡县子午镇，由此循子午道至西安，共经过 10 多个县市，总行程达 1 000 千米左右。[②]不过参加考察的有关专家同时认为："荔枝道不仅专指一条干道，即官道、驿道，而是一个相互通联的路网系统。"[③]

青年学者于赓哲、邹怡根据自己的研究，曾各自绘出荔枝运输路线图：

于赓哲列出了四条运输道路，涵盖岭南路线、福建路线、巴蜀路线，而巴蜀路线分为涪州路线、合江（泸州）路线。邹怡所绘的路线图（图 4-3）则集中于巴蜀，是在肯定涪州路线基础上兼顾其他荔枝产区。

荔枝道的相关考察也包括合江县。考察人员在这里了解到竹筒荔枝保鲜的土法，合江本地学者提出了将新鲜荔枝放进巨竹筒内，从泸州合江县的"水驿站"装船，顺长江而下运到涪陵，再由涪陵沿荔枝道运到长安的假说。今天合江县白米镇的史坝一带，仍有唐代水驿站遗迹，可为此假说提供一定支撑。

---

① 达州晚报，2016-03-10，http：//www.dzrbs.com/html/2016-03/10/content_179756.htm。

② 荔枝道走向初步确定：绵延千千米　涉及 10 余县市，华西都市报 2016-09-27，http：//news.chengdu.cn/2016/0927/1820476.shtml。

③ 荔枝道走向初步确定：绵延千千米　涉及 10 余县市，华西都市报 2016-09-27，http：//news.chengdu.cn/2016/0927/1820476.shtml。

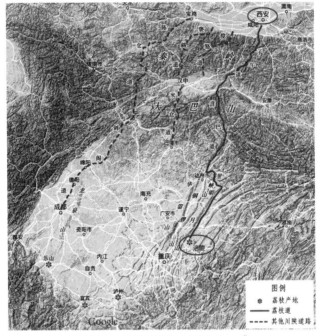

图 4-3 荔枝道图（邹怡绘）①

　　竹筒保鲜法古已有之，严耕望也提道："驿使们把采摘下的荔枝带叶密封于竹筒中——土法保鲜，防止途中挤压和偷拆，然后装笼上马。二十里一换人，六十里一换马。"北宋文同在《谢任泸州师中寄荔支》中则有竹编器皿贮存荔枝的具体记载："有客来山中，云附泸南信。……筠笿包荔子，四角具封印。童稚瞥闻之，群来立如阵。竞言此佳果，生眼不识认。相剪求拆观，颗颗红且润。"文同，苏轼的表兄，文翁之后。诗中提到的荔枝来自"泸南"，用"筠笿"包装，"筠笿"即竹制筒盒，这是一种用竹制容器密封保存的方式。竹制容器贮存荔枝看来效果极佳，拆封后"颗颗红且润"。南宋范成大有亲自密封贮装荔枝的经历，"招送客燕于眉山馆，与叙别。荔子已过，郡中尤余一株，皆如渥丹，尽撷以见饷。偶有两梾留馆中，经宿取视，绿叶红实粲然。乃知寻常用篮络盛贮，徒欲透风，不知为雨露

---

① 邹怡：荔枝之路：一骑红尘妃子笑，荔枝如何到长安，http://www.thepaper.cn/newsDetail_forward_1342982。

沾溉，风日炙薄，经宿色香都变。试取数百颗，贮以大合，密封之，走介入成都，以遗高、朱二使者，亦两夕到。二君回书云：'风露之气如新。'"①明代对荔枝竹筒保鲜法更熟悉，明人徐勃著《荔枝谱》："乡人常选鲜红者，于林中择巨竹凿开一穴，置荔节中，仍以竹箬裹泥封固其隙，藉竹生气滋润，可藏至冬春，色香不变。"②按此法，荔枝储藏期可延至冬春，而且保持色香不变。由此观之，《天宝遗事》云荔枝"以马递驰载，七日七夜至京"，唐急驿日行五百里，涪陵至长安需五日，合江顺长江东下涪陵，按千里江陵一日还的速度，两天两夜的时间应足够。因此，贵妃所食荔枝来自合江的假说可备参考。

　　但是，合江荔枝要坐实为在天宝年间成为贡品为杨贵妃所食，目前尚缺翔实史料支撑。首先是运输路线问题，如果我们以于赓哲所绘之图为讨论起点，可发现如合江荔枝至长安，其实有两道可走：一道东下顺江由水路至重庆或涪陵起岸，循洋巴道即所谓荔枝道入关中，一道北上至成都循金牛道至关中，惜乎两道相关荔枝运输的文献、实物阙如。达州的考察，人们看到的也不外"拦马墙、饮马槽、关墙、衙门营盘"以及"唐代中晚期造像"云云，其中最引人注目的是万源发现一块刻于明朝万历二十年（1592）的界碑，界碑上刻铭文："此竹筒沟，通衢道也，然则天宝贡果过境而被劫，官军剿焉。今沃地茂林，任李争焉，适逢浙江兵备副使卫大人经此，挥鞭定界，上以梯路，下依溪流，庙东李姓管业，其西任氏所有，世代诚守，刻石为盟。皇明万历壬辰季秋上浣吉旦。"③碑文中与"荔枝"二字有关联性的是"天宝贡果"。

　　其次是文献对唐宋时期有关贡荔和合江毗邻地区荔枝栽培的记载问题。关于贡荔问题，《元和郡县志》卷三十"涪州"条载涪州贡赋为"开元贡：麸金，文铁刀，蒟酱。元和贡：白蜜，连头十段布

---

① [宋]范成大：《吴船录》卷上。
② 转引自于赓哲：再谈荔枝道：杨贵妃所吃荔枝来自何方，http：//www.thepaper.cn/newsDetail_forward_1396299。
③ 中国·万源，《鹰背乡发现荔枝古道新证据》，http://www.wanyuan.gov.cn/govopen/show.cdcb?id=94147。

一匹。"卷三十一"戎州"条载戎州贡赋为"开元贡：葛五匹，纻布。元和贡：荔枝煎四斗。"卷三十三"泸州"条载泸州贡赋为"开元贡：麸金，葛，酱；赋：麻，布。元和贡同。"①除戎州在元和年间（806—820）贡"荔枝煎"——即蜜浸渍过的荔枝外，并未提贡荔枝的事。《淳熙三山志》记载了北宋、南宋时期福建荔枝作为贡品的具体情况，从记载看，北宋进贡的主要还是荔枝干、荔枝煎，南宋绍兴初始进生荔枝，二十四年罢。②关于荔枝栽种的记载，范成大由成都南下一路沿江东行，至戎州，有"两岸多荔子林"的记载，至泸州只说"登南定楼，为一郡佳处"，泸州往下百二十里至合江，在合江登岸游历，记载了"有庙曰登天王，相传为吕光庙""又有刘仙观，在对江安乐山"，③只字未提荔枝。因此对杨贵妃所食荔枝究竟来自何方，本书不做进一步讨论。但是，合江地区遗存的荔枝古树和发现的文物实物，足以证明南宋时期的合江已是荔枝的主产区。

首先，当代合江仍遗存数量颇多的古荔枝树，它们是合江在唐宋时期就是荔枝产区的活证。

现代荔枝的主产区在福建和两广，四川仅有合江县大规模生产。西南大学的蓝勇教授曾对历史上四川荔枝的种植和分布进行过细致考察。唐宋时期，北纬31度以南的成都、重庆、宜宾、泸州、涪陵、乐山、万县和雅安等地的河谷地带均有荔枝种植的记载。但是到南宋时期，荔枝栽种的北限已退至乐山，即北纬30度以南地区。根据竺可桢先生的研究，我国古代气候在南宋时期进入寒冷期，"十二世纪初期，中国气候加剧转寒"，"四川眉山已不生荔枝。作为经济作物，只乐山尚有大木轮围的老树。荔枝到四川南部沿长江一带如宜宾、泸州才大量种植"④。

合江县位于长江沿岸，产荔枝的区域在长江、赤水河两侧及北

① [唐]李吉甫：《元和郡县图志·下》，北京：中华书局，1983年，第737、790、865页。
② 《淳熙三山志》卷第三十九"土俗类一·土贡"。
③ [宋]范成大：《吴船录》卷下。
④ 竺可桢：中国近五千年气候变迁的初步研究，《考古学报》，1972年第1期。

部、西部、中部等海拔 400 米以下的浅丘地带。从最近 50 年的气象观测资料来看，合江县荔枝产区的平均气温为 18.2 ℃，极端高温 43.4 ℃，极端低温-2.2 ℃。最近 30 年间，合江小于 0 ℃ 的日数总共只有 4 天，从未出现过低于-4 ℃ 的日子。因此合江达到了荔枝生长对气候的基本要求。

合江处于四川盆地最低处和最南端，长江贯穿县境，赤水河、习水河由贵州穿越山岭而来，在此汇入长江。河谷中的水体效应抬高气温，使合江成为四川盆地极端最低气温最高的地方。与广东、广西、福建等荔枝主产地相比，合江县虽然比它们偏北数百千米，但冬季极端低温与其接近。但合江年平均温度 18.2 ℃，仅比最低限度高一点，且每年极端低温小于 2 ℃ 平均天数约有 10 天，因此就荔枝种植而言，合江只是次适宜区，不是最优种植区。这使得合江荔枝产量波动特别大，甚至相差数十倍，且丰收年份少，歉收年份多。由于这种气候，合江成为荔枝上市最晚的地方，比广东、广西荔枝上市晚了足足 30 到 40 天，错过了市场竞争的高峰，成熟既晚产量又小，因此供不应求，很是珍贵，市场售价比广东荔枝高两到三倍，早在清代就成为馈赠佳品。

合江荔枝树的来源概括起来可分为两个部分：合江原有的土著荔枝，古代遗留的实生荔枝；后来引进的外地荔枝。现代合江荔枝品种，大多来源于引种。据民国《合江县志》记载，合江"花果繁殖，尤以一区甘氏荔枝为特产。甘氏庐于三块石，树仅一株，大可合围，每年结实约计千斤，味甘而核小，成熟最晚，其种移自粤东。……清世，官斯土者，每于初夏，专买其实馈送显要。"[①]由此可见，唐至南宋的合江荔枝与现代合江荔枝不是同一来源，它是原有的土著品种。目前四川全省古荔枝现存 111 株，合江县独占 95 株，外县 16 株，已知四川古荔枝品种 28 个，合江保存 18 个。四川古荔枝群落如表 4-1 所示：

---

① 民国《合江县志》[民国十四年（1925）续修，2012 年点校重刊]上卷"物产"，第 201 页。

表 4-1 四川古荔枝群一览表①

产 地	树龄（年）	品种名称
眉山松江公社	300	
眉山松江公社	400—500	肉荔枝 暮颐丹荔
眉山三苏祠内	300	并蒂丹荔
眉山夹江		
乐山沙湾	100—300	
乐山悦来	300—400	肉荔枝
宜宾县冠英	1 000 年以上	焦核
宜宾县冠英	1 000 年以上	焦核
宜宾县冠英	1 000 年以上	
宜宾县朝阳	1 000 年以上	焦核
成都	500 以上	秋海棠
叙州府	350 年以上	马蹄金
重庆府	1 000 年以上	玉真子
眉山	300	班家娘子 并头欢
长宁相岑	1 000 年以上	
合江虎头河坝	1 000 年以上	红皮
合江虎头河坝	1 000 年以上	酸梅果
合江虎头河坝	1 000 年以上	并蒂丹荔
合江虎头河坝	1 000 年以上	饭粑饼
合江虎头河坝	1 000 年以上	白荔枝（绿荔枝）
合江虎头河坝	1 000 年以上	气壳荔枝
合江虎头河坝	300 年以上	牛奶荔枝
合江虎头河坝	500 年以上	阳尘吊
合江虎头河坝	300 年以上	焦核（细核肉荔枝）
合江大桥莲花池	1 000 年以上	并头欢
合江大桥莲花池	1 000 年以上	乌泡荔枝
合江大桥莲花池	1 000 年以上	良罝泡
合江镇山顶上 6 社	1 000 年以上	鸳鸯荔枝
合江镇建设 4 社	300 年以上	土著楠木叶

① 肖大齐：《合江荔枝》，长春：时代文艺出版社，2012 年，第 33、34 页。

续表

产　地	树龄（年）	品种名称
合江镇建设 4 社	300 年以上	转窝子荔枝
合江榕右永安花园 7 社	1 000 年以上	炭黑梅
合江凤鸣双凤 4 社	1 000 年以上	桂圆荔枝
泸州农科院		5 株

　　表中可见，合江古荔枝树群落在川内最为繁多。这些古荔枝树群，应是《华阳国志》《太平御览》所提到的荔枝的孑遗。据《四川荔枝志》："合江原来就栽培荔枝，多数系早熟种类，果子在夏季左右成熟，这类荔枝生长势强，但沿用实生繁殖，结果期迟，品种变异大，且多劣变。""这些品种中尤以'白荔枝'等含有'绿荔枝'的遗传形态，与甜荔枝的属性接近，是很有价值的地方资源，应引入基因库，称为四川原始材料圃荔枝园，是我国今后育种工作的重要材料基地。"①今天合江县马街龙虎洞侧三块石地界上原有 4 株千年以上的荔枝树，现尚存 1 株。据当地老人介绍，这几株荔枝树所产荔枝历来为贡品，年年都要专人护送。他们祖辈都把此树作为重点守护对象。②

图 4-4　合江荔枝古树

---

① 转引自肖大齐：《合江荔枝》，长春：时代文艺出版社，2012 年，第
16-17 页。
② 肖大齐：《合江荔枝》，长春：时代文艺出版社，2012 年，第 20 页。

其次，合江发现的宋墓石刻中清晰地刻画出了荔枝图像，这是合江地区至迟在南宋荔枝就已成为民众常食的水果的证明。

人们只关注杜牧的诗，却很少有人关注到在合江汉棺博物馆中，有一方石刻静静地躺在那里，诚实地向人们展示着宋代荔枝的形象。

在这方宋墓石刻图像中，荔枝图像清晰可辨，它是合江目前考知的最早的荔枝图，是合江早在几百年前就是荔枝产地的实物证据。

图 4-5　合江宋墓石刻中的荔枝

杜甫《解闷十二首之十》诗云："忆过泸戎摘荔枝，青枫掩映石逶迤。京中旧见无颜色，红颗酸甜只自知。"在荔枝栽培史研究者中，对"忆过泸戎摘荔枝"注意者多，大家都认为杜甫确实在今泸州、宜宾一带亲自摘过荔枝，但对"京中旧见无颜色"注意者较少，事实上，此句蕴含的信息量极大。其一，证明杜甫在京中见过和吃过（"酸甜只自知"）泸戎荔枝；其二，证明长安市场上有泸戎荔枝买卖。当时的杜甫不过是一小吏，没有李白那样被唐明皇宣召进宫的经历，没有在宫中享用荔枝的荣耀（如有那种经历，诗人应该会有诗兴并留诗以志之），因而，能见到、吃到泸戎荔枝，无论自购抑或馈赠，均只有市场购买这一途径；其三，荔枝经过长时间保存，表皮已经没有鲜荔枝的颜色，但荔枝果味并未变质，即所谓"红颗酸甜只自知"。

　　杜甫在今泸州、宜宾一带摘过荔枝是无疑的。但摘荔枝的地点在何处，诗中并未明言，诗人也没有自注，不过诗人还是留下了供后人追寻的信息。诗写于安史之乱以后，诗人自成都东至夔州（奉节）的途中。诗人于永泰元年（765）5月携家离开成都，经嘉州（乐山）沿江而下，6月至戎州（宜宾）登岸。戎州长官杨使君设宴款待杜甫，杜甫写有《宴戎州杨使君东楼》记此事。诗中有"重碧拈春酒，轻红擘荔枝"句，"擘"者，分开、剖裂也，这是杜甫写自己在宴席上剥吃荔枝的动作。按今天合江荔枝在公历6月底7月初开始上市，因此杜甫在泸戎吃荔枝、摘荔枝完全符合时令。

　　离开戎州后，杜甫顺江东下过泸州、合江，其间登岸所历诸事中，印象最深者是"摘荔枝"，后回忆此事乃有其诗。《方舆胜览》在记载涪州、泸州土产时，均言及"土产荔支（枝）"，"涪州城西十五里有妃子园，其地多荔支（枝）"，但"蜀中荔支（枝），泸叙之品为上，涪州次之，合州又次之……涪州徒以妃子得名，实不如泸叙也。"①按，《方舆胜览》的作者祝穆，生活在南宋，根据竺可桢先生的研究，南宋时期是历史上的一次寒冷期，"第十二世纪时，寒冷气候也流行于华南和中国西南部"，"福州……一千多年以来，那里的荔枝曾遭到两次全部死亡：一次在公元1110年，另一次在公元1178年，均在十二世纪。"泸州、宜宾比福州纬度高，但福州荔枝被冻死而泸叙犹存，奥秘就在于四川盆地的特殊地形拦住了寒潮，从而为荔枝的生长保留了最低条件。再往北，气温就很低了，也就不再具有荔枝生长的条件，因而"宋苏轼时候，荔枝只能生于其家乡眉山（成都以南60千米）和更南60千米的乐山，……第十二世纪四川眉山已不生荔枝。作为经济作物，只乐山尚有大木轮围的老树。荔枝到四川南部沿长江一带如宜宾、泸州才大量种植。"②因此祝穆所记应是南宋时期的情况，温暖的唐朝时期未必就如此。

---

①　[宋]祝穆：《方舆胜览》卷六十一"涪州"。
②　竺可桢：《中国近五千来气候变迁的初步研究》，《考古学报》，1972年第1期。

　　泸叙之间成片的荔枝林，在史籍中可找到两则材料。一是范成大《吴船录》载戎州"两岸多荔子林"①，另一则就是杜甫此诗"青枫掩映石逶迤"之句。这句实际上是杜甫对摘荔枝地显著地貌特征——成片的林木，连续不断的石山——的记忆。成片的绿林常常在古人的诗中用"青枫"来形容，如"青枫江上秋天远，白帝城边古木疏"（高适《送李少府贬峡中王少府贬长沙》），"幽愁秋气上青枫，凉夜波间吟古龙"（李贺《湘妃》）。杜甫对"摘荔枝"地点的环境地貌特征，印象深刻的有两点，一是"青枫掩映"，荔枝树为乔木，终年常绿，夏季绿叶颜色尤深，观看图 4-4 可知，成年荔枝树，浓密的荔枝叶遮天蔽日，符合"掩映"的特征。二是"石逶迤"，即绿林附近有成片的石头连续不断。今合江县白米乡境内长江航道中曾有一个险滩，名曰连石滩，江面上十二个石滩一字排开，此景象正与杜甫所见"石逶迤"相符。连石滩又名荔枝滩，清人有诗云："尤物移人付酒杯，荔枝滩上瘴烟开。汉家枸酱知何物，赚得唐蒙习部来。"据范成大《吴船录》记载的里程计算，叙州（宜宾）至合江县四百二十里，达到合江县的时间也不过七月。且一路行船，枯燥无味，能够入诗的景致和趣事并不多，因而杜甫对"青枫掩映石逶迤"摘荔枝的场景记忆犹新是情理之事。

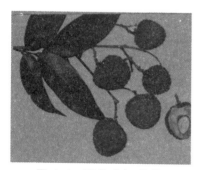

图 4-6　现代合江荔枝

图 4-7　现代画家笔下的荔枝

　　图 4-5 是合江宋墓石刻（参见第三章图 3-48-1）的局部，刻了

----

① [宋]范成大：《吴船录》卷下。

一枝带叶的荔枝，图 4-6 是现代荔枝的果实和叶。宋人绘画、雕塑，均讲求"逼真"，"观画之术，唯逼真而已。得真之全者绝也，得多者上也，非真即下也"①。对比图 4-5、图 4-6，可以发现，合江宋墓石刻以非常写实的手法，把荔枝果实表皮的鳞斑状突起特点表现得栩栩如生，与图 4-7 现代画家对荔枝表皮的表现如出一辙。宋墓石刻中的荔枝叶，呈披针形，一支主枝分数子枝，每一子枝挂一果，若干果实成簇状聚为一簇，反映出工匠对物象的观察细致入微，对荔枝果、叶、枝的分布特征相当熟悉。雕刻图像与现代照片恍然相隔数百年，但荔枝枝叶、果实布局却仿佛浑然如孪生。联系《四川古荔枝群一览表》中，合江树龄超过 1 000 年的古荔树尚存 10 株以上的事实，我们可以说，南宋时期合江确实是荔枝产区，其品种群落应是古代品种群而非近代引种的闽广品种群。

第三节　合江宋墓石刻反映的宋人一天生活

连缀合江宋墓出土的石刻画像，我们可以大致勾勒出宋代普通人家一天的生活状况。下面我们姑且以侯居士的家庭为假设，根据宋墓石刻反映的生活场景，探讨一下两宋时期的乡绅家庭生活。

一天的生活自黎明开始。侯居士一家新的一天生活从侯宅大门开启展开（图 4-8）。

装饰与建筑的有机结合是宋代的一大特点，宋代建筑着力于建筑细部的刻画，一梁一柱都要进行艺术加工，对于装修和装饰更着力于细致处理。格子门的一条门框可以有七八种断面形式，毯文窗格的棱条表面要加上凸起的线脚。雕花的花瓣造型极尽变化，生动活泼。宋墓石刻中的门很清晰地反映了宋代建筑重装饰的特点。图 4-8 是两幅开启大门的画面，《营造法式》云："释名：门，扪也，为

---

① 俞建华：《中国古代画论类编》上册，北京：人民美术出版社，2004 年，第 40 页。

扪幕障卫也；户，护也，所以谨护闭塞也。"①因此，门对于住宅而言起着护卫隔绝作用，开门即意味着与外界撤除隔离。两幅图反映了宋代富贵人家宅门形式，沉重、严肃、对称，门饰分格分局，格内可有花卉、瑞兽之类装饰（图 4-8 左图），也可素面白板（图 4-8 右图）。启门者为宅内仆侍。左图启门者为男侍，门微启，男侍头戴平头幞头，身着圆领窄袖袍衫，束腰，露出大半身，手持带状物。右图启门者为女侍，门微启，女侍头绾双缧髻，身着圆领窄袖长裙，全身站立于门阶之外，手持圆形物。古语云黎明即起，洒扫庭除，我们姑且认为这些男女侍仆轻启大门后，开始了内外整洁的扫除工作。

图 4-8 合江宋墓石刻启门图

南宋吴自牧著《梦粱录》中提到开门八件事，即柴、米、油、盐、酒、酱、醋、茶，这是寻常人家生活之需，而大户人家还有些雅好。侯居士富甲一方，自然会有不同于小户人家的讲究，只见男侍到花园修剪花木，女侍则采摘花枝插在瓶中（图 4-9）。

插花作为一种生活装饰品，广泛出现在不同阶层的宋朝家庭中。宋代之前，虽然也有插花艺术，但一般只流行于宫廷与贵族家庭，或表现为佛堂供花。到了宋代，插花已成为整个社会的生活时尚，深入到寻常百姓家。《梦粱录》称："烧香、点茶、挂画、插花，四般闲事，不宜累家。"②图 4-9 是国家二级文物，2010 年 10 月 16 日

---

① [宋]李诫：《营造法式》卷二"门"。
② [宋]吴自牧：《梦粱录》卷十九"四司六局筵会假赁"，北京：中国商业出版社，1982 年，第 171 页。

合江镇工业园区明家坝村9社变电站征集，高109厘米，宽65厘米，厚25厘米，石质，四边及背面无图，正面石刻刻一束牡丹插在花瓶内。宋代插花的花瓶，就材质来看，有玉瓶，有瓷瓶，有金属铜瓶。观察图4-9，花瓶显见是瓷瓶。合江僻处帝国边陲，百姓对花事的爱好尚如此，士大夫阶层"列炉焚香、置瓶插花，以供清赏"的生活情趣更可想见。

图4-9 合江宋墓石刻牡丹瓶花图

侍仆们收拾停当，摆放好靠背椅，女侍卷起卷帘（图4-10），恭敬地站在椅旁（图4-11），侍候着侯夫人喝早茶。

图4-10 合江宋墓石刻女主仆图

图4-11 合江宋墓侍女石刻

　　图 4-10 是国家二级文物，1993 年合江镇三转盘城市建设出土，高 92 厘米，宽 67 厘米，厚 11 厘米。红砂石质，浮雕，长方形，主妇女仆刻于龛中，龛上刻垂帘，主妇位于石龛正中，座于靠背椅上，头挽高髻，面像丰满慈祥，身着对襟长裙，双手拢于袖中置于膝间，两脚微露于裙摆下。侍女头绾双螺髻，面像秀丽，柳眉杏眼，表情含蓄端庄，身着抹胸对襟长裙，束腰，腰带系扎巾，双手笼袖置于腹前。

　　图 4-11 是国家三级文物，2000 年 6 月 1 日由合江县先市镇派出所拨交。石刻长 51 厘米，宽 47 厘米，厚 8 厘米。石质，高浮雕，墓室构件，长方形。该石刻为一站立侍女形象，侍女头戴花，面相饱满，双眼圆睁，鼻与嘴部线条模糊。身穿圆领窄袖短袍，腰间束带，绾结于腹前，下穿直筒长裤。女侍双手曲肘。合抱于胸前，形态端庄、恭敬。

图 4-12　合江宋墓石刻女主仆图局部　　　　图 4-13　现代竹帘

　　帘是遮蔽门窗的用具。《说文解字·巾部》："帘，帷也。"唐宋时代的诗人、词人多见卷帘词句。杜甫"卷帘残月影，高枕远江声"（《客夜》）。白居易"夜深明月卷帘愁，日暮青山望乡泣"（《长安早春旅怀》）。李清照"昨夜雨疏风骤，浓睡不消残酒。试问卷帘人，却道海棠依旧"《如梦令》,"小院闲窗春色深,垂帘未卷影沉沉"《浣溪沙·小院闲窗春色深》。王圭"帘外东风吹断梦,卷帘人探春还"《临江仙》。由于时代久远,古代的卷帘是什么样子缺乏实物,合江宋墓石刻细致地描刻了南宋时期的卷帘形象。

由图 4-12 可见,卷帘应是竹质卷帘,与现代竹帘几无区别。帘卷起来后,为了固定,有的采用绳子捆扎,如图 4-13 所示,有的采用卡子卡住,合江南宋墓石刻中卷帘就是采用卡子卡住的办法。

夫人正在用餐,侯居士也踱着方步走过来,一串佛珠捻在手上,两个男侍趋步上前,扶着主人在靠背椅上坐好(图 4-14)。

图 4-14　合江宋墓石刻一主二仆图

图 4-14 是国家二级文物,2010 年 10 月 16 日在合江镇工业园区明家坝村 9 社变电站征集,高 68 厘米,宽 65 厘米,厚 28 厘米,青砂石质,高浮雕,墓室建筑构件。呈长方形,石刻背景为单扇门造型,中间端坐的是主人,面像丰满,头戴软脚幞头,身着圆领襕衫,肚微凸,左手握佛珠,佛珠扎巾稠带垂于膝下,右手置放右膝上,脚微露,坐于靠背椅上。右刻一侍男呈站立状,头挽高髻,饰头巾,面相丰满圆润,呈微笑状,身着圆领长袍,双手置于胸前,腰带系扎巾围裙,双脚呈八字露于外。左面侍女站立状,头绾双髻,面部丰满端庄,身着圆领长裙,左手抚握腰带,右手捧一盒,腰系带,脚微露。

侯居士信佛但不废儒教，"乐于教子""辟黉宇招名士教导"。喝罢早茶，用过早餐，侯居士叫上男侍，扛着交椅（第三章图 3-50），开始巡查子弟教育情况，他来到家塾，碰到两位塾师，他们捧琴持书，文质彬彬。

4-15-1　　　　　　　　　　　　　　4-15-2

图 4-15　合江宋墓石刻雅士图①

图 4-15-1 是国家一级文物，2001 年合江县白鹿镇采集，长 108 厘米，宽 76 厘米，厚 10 厘米。石质，打制雕刻而成。呈竖式长方体，正面画面为高浮雕二雅士并肩而立，均头戴方形巾，软脚自然下垂至颈后。面像丰满，俊俏，面带微笑。身着圆领窄袖袍衫，衫长至足踝，两脚微露，腰束带。图右方雅士两手托一长形物，似为着套的琴；其右侧雅士，右手持一长方形物，似为棋盒，左手置左胸，呈交谈状。

图 4-15-2 为国家一级文物，2001 年合江县白鹿镇采集，长 108 厘米，宽 76 厘米，厚 10 厘米。石质，打制雕刻而成，呈长方体，四边及背面无图案，正面画面中高浮雕二雅士并肩而立，均头戴方形巾，软脚自然下垂至颈后，面像丰满，俊俏，面带微笑，身着圆袍窄袖袍衫，衫长至足踝，两脚微露，腰束带，位于画面右方的雅

---

① 合江文物画册编委会：《合江文物画册》，第 82 页。

士两手持一长方形物，似为书册，其右后侧的雅士，双手托一长形物，外呈丝绸包裹状，两端露出圆形，该物似为书画，构图优美。

幞头在宋代成为天下通服，上自帝王将相，下至平民，凡男子皆戴。所以文人嫌幞头不够雅致，又开始戴起复古的头巾。《释名·释首饰》："巾，谨也。二十成人，士冠，庶人巾，当自谨修四教也。"①宋代文人平时喜爱戴造型高而方正的巾帽，身穿宽博的衣衫，以为高雅，宋人称为"高装巾子"。由于巾可以随意结覆，带有很强的自我设计性，因而宋代士庶的儒雅化倾向首先体现在首服上。宋代文人可以按照自己的意愿将头巾在自己的发髻上束起各种各样的形式，由此产生各种设计感强烈的头巾样式，并慢慢产生名人效应，出现许多以名人命名的头巾。如"东坡巾"就是苏轼最先设计佩戴，"山谷巾"则是黄庭坚曾佩戴的头巾式样，"程子巾"则得名于大理学家程颐，"紫阳巾"是由于朱熹曾佩此巾样式主持紫阳书院。宋代文人将鲜明的文化意识融入服饰设计中，巾带有浓郁的情感色彩，巾体现着宋人潇洒、超脱的人生态度。它可以是英雄人物指点江山的非凡，苏轼即有"羽扇纶巾，谈笑间，樯橹灰飞烟灭"的词句，还可以是文人雅士悠游山水的闲适，陆游便有"我来闲照影，一笑整纶巾"的诗句。朴素随意的服饰体现着穿着者的文化内涵。这种文化追求既体现在名人身上，更体现在一般读书人身上，合江宋墓石刻的有关图像中可以看到其深远的影响。

图 4-15 两幅图中的人物，均面带微笑，头佩方巾，身着长袍，形象潇洒，自有一股书卷气。其所佩的首服，与石刻中的其他人物有着显著的不同。纶巾与琴棋书画的搭配，显出雅士的文化内涵，和武士像有着显著区别。

侯居士与塾师讨论琴棋书画，了解家教、交流国事，相谈甚欢。随后，他想起了担任武职的次子侯时英。

时局艰虞，侯居士响应朝廷"劝诱助国之诏""富者出财"，次子时英补承节郎，负责县中武事。报效国家，靖卫地方，侯时英感

①《释名》卷四《释首饰》。

到责任重大，早饭之后，他便召集军士们在荔枝树下操练。侯居士察看家塾，与塾师们道别后，来到操练场观看儿子的训练。他命男侍将交椅放置好，坐在旁边观看起来。但见演练场上军士们有的持剑生风（图 3-25、图 3-26、图 3-27），有的舞斧举钺砍劈（图 3-29、图 3-30），有的举锤骨朵砸打（图 3-32），无不腾挪跳跃，虎虎生威。

后生们如此了得，看得侯居士眼花缭乱。他满意极了，忍不住称赞几句，正欲离开，不料一转身差点与独女淑英撞了个满怀。定睛一看，淑英一身戎装，带着一队女子，吵着要成立娘子军。

图 4-16　合江宋墓石刻女武士

女子们有的头戴兜鍪，两侧护耳，顶上缨饰，有的带着绒帽或皮帽，身着战袍，腰系束带，拖着棒，举着斧，飒爽英姿，透着一种巾帼不让须眉的英气。侯居士看了一会女子们的操演，忍不住赞了一回，起身带着侍者前往街市。侯居士既富且善，乡邻都非常尊重他，"亲旧伎术士人愿舍于其侧者十七八"，一路上招呼不断，不知不觉间来到瓦舍，但见瓦舍里人头攒动，但闻人声喧嚣，伴有阵阵喝彩声。侯居士忙与侍者趋前，众人一看居士到来，急忙捧上茶果。居士笑盈盈地坐下，耳听得伎人们边咿咿呀呀地唱，边扭动腰肢，舞动长袖。看到兴起处，居士与众人齐声喝彩。

宋代非常重视文化艺术的发展。随着城乡经济的发展，音乐和舞蹈艺术十分兴盛，唐代兴盛一时的宫廷歌舞在宋代日趋衰落，民间音乐迅速发展。在城市里，市民的日常生活，尤其是节令、嫁娶等活动，都伴随着各式各样的音乐歌舞，众多民间艺人活跃于茶坊酒肆、瓦舍勾栏等娱乐场所，以说唱为生。

瓦舍是固定的娱乐场所，也称"瓦子""瓦市"。何谓瓦舍，《梦梁录》卷十九做了这样的解释："瓦舍者，谓其'来时瓦合，去时瓦解'之义，易聚易散也。""为士庶放荡不羁之所，亦为子弟流连破坏之门。"①它之所以有这么大的吸引力，是因为"瓦中多有货药、卖卦、喝故衣、探搏、饮食、剃剪、纸画、令曲之类。"②"奇术异能，歌舞百戏，鳞鳞相切，乐声嘈杂十余里，击丸蹴踘，踏索上竿。"③其时杭州城内瓦舍甚多，周密在《武林旧事》"瓦子勾栏"中详细注明的有 23 瓦。瓦舍里设置的剧场称作"勾栏"（也称"勾阑""构栏"），"北瓦内勾栏十三处最盛"④。孟元老《东京梦华录》载："其中大小勾栏五十余座。内中瓦子、莲花棚、牡丹棚、里瓦子、夜叉棚、象棚最大，可容数千人。自丁先现、王团子、张七圣辈，后来可有人于此作场。……终日居此，不觉抵暮。"⑤每个勾栏的演出从早到晚，从春到冬，全年不歇，"不以风雨寒暑，诸棚看人，日日如是。……教坊内勾集弟子小儿，习队舞，作乐杂剧节次。"⑥据文献记载，当时勾栏里的市民音乐品种十分丰富，有鼓子词、唱赚、嘌唱、讲史、傀儡戏等众多名目。在广大农村、城镇，"村歌社舞"异常流行，许多产业艺人和农村优秀舞人组成班社，或开辟固定场所，或游走城镇之间，专门为百姓表演。

宋代的歌舞已经脱离魏晋唐朝时期"歌者不舞，舞者不歌"的常规，发展出一种有数十人或上百人表演的大型集体队舞，加入一定故事情节成为一种集舞蹈、歌唱、诗词于一身的歌舞新形式。图

---

① [宋]吴自牧:《梦梁录》卷十九"瓦舍"，北京：中国商业出版社，1982年，第 166 页。

② [宋]孟元老:《东京梦华录》卷二"东角楼街巷"，北京：中国商业出版社，1982 年，第 15 页。

③ [宋]孟元老:《东京梦华录》卷六"元宵"，北京：中国商业出版社，1982 年，第 37、38 页。

④ [宋]周密:《武林旧事》卷六"瓦子勾栏"，杭州：西湖书社，1981 年，第 93 页。

⑤ [宋]孟元老:《东京梦华录》卷二"东角楼街巷"，北京：中国商业出版社，1982 年，第 15 页。

⑥ [宋]孟元老:《东京梦华录》卷五"京瓦伎艺"，北京：中国商业出版社，1982 年，第 32 页。

4-17两人对舞，舞者肢体、神态仿佛在交流什么，图4-18《卖眼药》反映宋杂剧一般的演出形式，内容当与周密《武林旧事》"官本杂剧段数"中记载的《眼药酸》相同。可见五代、北宋的舞蹈、戏剧，已经具有情节性，不再是单纯的歌或舞。

图 4-17　五代舞者　　　图 4-18　宋代杂剧
《卖眼药》演出场景

　　宋代比较突出的戏曲形式有杂剧和南戏两种。杂剧在宋代曾泛指各类表演技艺，后来成为独立的戏剧表演艺术。周密在《武林旧事》"官本杂剧段数"中记载了宋末杂剧剧目280个，这些剧目显然是当时剧团演出的常备剧目。杂剧演员活跃于宫廷、军队、民间瓦舍勾栏。杂剧除歌舞外，还有对话，大概由四五个人表演，演员涂脂抹粉，扮成不同角色，主要用唱词和形体动作来表演故事。

　　南宋"勾栏"的实物遗存全部消失，图片形式的记载也完全失传。孟元老《东京梦华录》中对勾栏的形状有过记载："东京般载车，大者曰'太平'，上有箱无盖，箱如构栏而平。"①可以推知勾栏的一般形状大概是长方形，四周围以木板（也有用帐篷）。勾栏内设有戏台和观众席，戏台比观众席略高。戏台的台口围以栏杆，前台为表演区。后台为演员的化妆间和休息室，称为"戏房"。后台通向前台的上下场门称为"鬼门道"。明代朱权在《太和正音谱》说："构栏

---

① [宋]孟元老：《东京梦华录》卷三"般载杂卖"，北京：中国商业出版社，1982年，第22页。

中戏房出入之所谓之'鬼门道'。'鬼'者，言其所扮者，皆是已往昔人。"①勾栏的一面有门供观众出入，观众席设在戏台对面的叫"神楼"，设在两侧的叫"腰棚"。

图 4-19　泸县出土的南宋石刻②

图 4-19 是 2001 年泸县石桥镇心屋嘴村出土的南宋石刻，长 163 厘米，宽 78 厘米，厚 20 厘米。刻有 6 人进行舞蹈表演和器乐演奏，6 人均为女性，头戴软脚花冠，上身着交领广袖长襦，及地长裙并披有流苏装饰的云间，披长帛，腰束带。有学者认为栏杆建筑就是勾栏。③如此论成立，则图正中两位舞者应为演员，左右两边击鼓、吹笛、拍板的四人应是杜仁杰《庄家不识勾栏》中坐在"台儿"上，"不住的擂鼓筛锣"的女艺人。

元代散曲家杜仁杰写有一篇趣味横生的散曲，为我们了解杂剧演出提供了宝贵的资料：

般涉调·耍孩儿·庄家不识勾栏

风调雨顺民安乐，都不似俺庄家快活。桑蚕五谷十分收，官司无甚差科。当村许下还心愿，来到城中买些纸火。正打街头过，见吊个花碌碌纸榜，不似那答儿闹穰穰人多。

---

① 转引自王义彬：《明代安徽戏曲音乐的分布特点》，《云南艺术学院学报》，2001 年第 04 期。

② 政协泸县委员会：《泸县宋代石刻》，第 73 页。

③ 参见张春新：《南宋川南墓葬石刻艺术》第十章《走出历史的勾栏》，重庆：重庆大学出版社，2011 年。

〔六煞〕见一个人手撑着椽做的门，高声地叫"请请"，道："迟来的满了无处停坐。"说道："前截儿院本调风月，背后么末敷演刘耍和。"高声叫："赶散易得，难得的妆合。"

〔五煞〕要了二百钱放过咱，入得门上个木坡，见层层叠叠团坐。抬头觑是个钟楼模样，往下觑却是人旋窝。见几个妇女向台儿上坐，又不是迎神赛社，不住的擂鼓筛锣。

〔四煞〕一个女孩儿转了几遭，不多时引出一伙。中间里一个央人货，裹着枚皂头巾顶门上插一管笔，满脸石灰更着些黑道儿抹。知他待是如何过？浑身上下，则穿领花布直裰。

〔三煞〕念了会诗共词，说了会赋与歌，无差错。唇天口地无高下，巧语花言记许多。临绝末，道了低头撮脚，爨罢将幺拨。

〔二煞〕一个妆做张太公，他改做小二哥，行行行说向城中过。见个年少的妇女向帘儿下立，那老子用意铺谋待取做老婆。教小二哥相说合，但要的豆谷米麦，问甚布绢纱罗。

〔一煞〕教太公往前捱不敢往后捱，抬左脚不敢抬右脚，翻来覆去由他一个。太公心下实焦燥，把一个皮棒槌则一下打做两半个。我则道脑袋天灵破，则道兴词告状，划地大笑呵呵。

〔尾〕则被一胞尿爆的我没奈何。刚捱刚忍更待看些儿个，枉被这驴颓笑杀我。

散曲写了一个乡下人（庄家）进城，看到勾栏门口"一个人手撑着椽做的门"，高声招徕观众，不断高叫道"赶散易得，难得的妆合。""赶散"，指不在瓦肆勾栏中表演的野班子，不入勾栏的戏班子，《武林旧事》称"只在耍闹宽阔之处做场者，谓之'打野呵'。"[①]这种"打野呵"的演出，有点类似大篷车剧团，走到一处，围一个场子就可以演出，故称"路歧"。这种演出随处可见，故说"易得"，一般

---

① [宋]周密：《武林旧事》卷六"瓦子勾栏"，杭州：西湖书社，1981年，第93页。

水平不高，属"艺之次者"。"妆合"，则是指比较正规的戏班演出。在招徕声中，庄家动了心，于是交了二百文进了勾栏，走上看台（木坡），坐定后抬头看见钟楼模样的戏台，低头看见拥挤的观众（人旋窝），往前看几个捧着鼓锣乐器的女艺人坐在伴奏位上（台儿），接下来开场时一段小演唱（爨，当时叫艳段），然后正剧演出（爨罢将么拨）。

　　杂剧由唐宋大乐影响而产生，杂剧本身就有乐舞的角色。按《都城纪胜》载："杂剧中，末泥为长，每一场四人或五人，先做寻常熟事一段，名曰艳段，次做正杂剧，通名为两段。末泥色主张，引戏色分付，副净色发乔，副末色打诨，又或添一人装孤。"①据此可知宋人一场杂剧演出，通常包括两段：一是艳段，表演"寻常熟事"，作为开场；二是正杂剧，通常为内容比较复杂的故事。有的记载还有散段，也称"杂扮"，专门表现村夫村妇引人发笑的趣事。杂剧一般有四五人分别承担不同角色，主要是"末泥""引戏""副净""副末"，还有一个"装孤"（装扮官吏者），《青楼集》载"宋之'戏文'，乃有唱本，有诨。金则'院本''杂剧'合而为一。至我朝乃分'院本''杂剧'而为二。'院本'始作，凡五人，一曰副净，古谓参军；一曰副末，古谓之苍鹘，以末可扑净，如鹘能击禽鸟也；一曰引戏；一曰末泥；一曰孤。……'杂剧'则有旦、末。旦本女人为之，名妆旦色；末本男子为之，名末泥。"②"引戏"在杂剧演出中是开场的，其职司是"分付"，有引导、介绍、指点之意，引戏在演出时首先出场，通过一系列程序把其他角色引出来，《庄家不识勾栏》中"一个女孩儿转了几遭，不多时引出一伙"的"女孩儿"就是"引戏"。"副净"由唐参军戏中的参军演变而来，在宋金杂剧中与"副末"形成较固定的搭档关系，副净在表演中做愚钝之态，以供嘲讽打诨。副末在表演中以"打诨"为主要特征，打诨是以滑稽逗乐为表演特点，用谑闹嬉笑语言、滑稽怪异的行为来引人发笑。副净作愚钝状，供副末谑闹，两者关系也正所谓"如鹘能击禽鸟"。

---

① 《都城纪胜·瓦舍众伎》，北京：中国商业出版社，1982年，第9页。
② [元]夏庭芝：《青楼集志》。

　　侯居士所处的合江，宋时虽是汉僚交接的边鄙之地，但一直是朝廷施夷教化的重镇，正规的勾栏果如泸县宋墓石刻的状况，应该存在。即使没有正规勾栏，"耍闹宽阔之处做场"的"打野呵"的存在似乎应无疑问。根据前述关于杂剧角色的分析，不妨推测，侯居士进场正赶上"开场"，一个巧言令色、打扮滑稽可笑的"央人货"扭扭捏捏一番，正剧《调风月》演出开始，《调风月》有副末、副净、旦三个角色，只见副末扮小二哥，副净扮张太公，旦扮帘下妇人，剧中小二哥处处捉弄张太公，小二哥演出神态推测如下图：

　　图4-20左图中的男子，身躯微舞，嘴角微翘，面部带着一种戏谑表情，右手食指、中指相并，似在指点；图4-20右图男子，动作与左图男子相似，惟嘴作嘟哝状，面部表情稍严肃。两个演员符合"副末"特征，肢体和嘴部形态，也符合宋杂剧用对话、以唱词和形体动作表演故事的特点。而邻近的泸县宋墓还出土了一些女艺人，她们应是所谓"妆旦"，在杂剧里担任舞蹈角色。

图4-20　合江出土的　　　　　图4-21　泸县出土的
宋墓石刻杂剧演员图①　　　　宋墓石刻杂剧演员图②

　　演员的插科打诨逗得观者哈哈大笑。侯居士在勾栏里观看了半天，兴致尚浓，却不料内急，"被一胞尿爆的我没奈何"，只好出了勾栏，带着男侍回到宅院，家里早就备好晚饭，他与夫人用过晚餐，端坐于靠背椅上休息（图3-41、图3-43）。宋人一天的生活就此结束。

① 合江文物画册编委会：《合江文物画册》，第81页。
② 政协泸县委员会：《泸县宋代石刻》，第65、67页。

第五章
从汉风到宋韵的演变

　　合江是川南地区文物昌盛之地。目前全县拥有中国历史文化名镇 2 个，历史文化名街 1 条，全国重点文物保护单位 4 个，省级文物保护单位 12 个 26 个点，市级文物保护单位 21 个，县级公布文物点 1 168 处。在第三次全国文物普查中，合江县共普查出文物点 2 108 处，经过国家文物局审核为 1 317 处，文物总量在全省各县区排名第一。其中，汉代、宋代墓葬文物数量庞大，比较同一地区汉宋两代墓葬文物的异同，我们可以感觉到历史发展的脉动，特别可以强烈地感受到我们民族审美观的变与不变和美学思想的发展。

第一节　先秦到宋美学思想的发展变化

　　中国古代美学思想在春秋末年和战国时期基本形成，产生了不少美学派别，其中最重要的是儒家和道家。

　　儒家美学的创始者和重要代表是孔子，儒家美学注重个体与社会的和谐统一，把人与人之间的和谐关系看成比个体的个性发挥更重要。孔子的美学思想建立在"仁"的基础上，"仁"是孔子分析和解决美和艺术问题的根本立场，"诗""乐""艺"是"成孝敬、厚人伦、美教化、移风俗"的重要手段，艺术作为"仁学"的组成部分，其真正意义在于引导、培养个体的健康发展，使个性的发挥朝着有利于群体和谐的方向发展。儒家美学一方面肯定满足个体心理欲求的必要性和合理性，另一方面又强调应把这种心理欲求的满足导向伦理规范。正如《左传·昭公二十五年》对"五味""五色""五声"的论述："天地之经，而民实则之。则天之明，因地之性，生其六气，用其五行。气为五味，发为五色，章为五声，淫则昏乱，民失其性。"①后来《吕氏春秋》将其进一步发挥论述："音成于外而化乎内，是故闻其声而知其风，察其风而知其志，观其志而知其德。"②儒家把美善统一的境界看成是人生的最高境界，孔子有"文质彬彬"的重要美学命题，他把外在形式的美称为"文"，把内在道德的善称为"质"，认为文、质应该统一起来，外在形式的美可以给人感官愉悦，但只有与善统一起来才具有真正的价值。此后，儒家美学的一系列命题，如孟子"浩然之气"说，《乐记》"致乐以治心"论，《毛诗序》"志""情"统一说等，都是把艺术（诗、乐）和伦理（仁、礼）结合起来，体现着美善统一的境界。所以孔子强调"志于道，据于德，依于仁，游于艺"③，强调美与善不能分离，强调既"尽美"又"尽善"。《韶》乐尽美尽善，所以孔子对之很欣赏，"在齐闻《韶》，三月不知肉味"④。认为审美与艺术的作用在于感发和陶冶人们的伦理情感，促进个体与社会的和谐发展。这个观点在《论语·阳货》中有明确阐释："子曰：'小子，何莫学夫《诗》？《诗》可以兴，可以观，可以群，可以怨。迩之事父，远之事君；多识于鸟兽草木之名。'"⑤其中"兴""怨"侧重说明艺术抒发情感的特征；"观""群"则说明艺术通过情感感染所产生的特殊的社会效果。故曰："兴于诗，立于礼，成于乐。"⑥

---

① 《左传·昭公二十五年》，长沙：岳麓书社，1988年，第344页。
② 《吕氏春秋》卷六《季夏季》第六《音初》，长沙：岳麓书社，1989年，第39页。
③ 《论语·述而》，朱熹《四书章句集注》，上海：上海书店，1987年，第46页。
④ 《论语·述而》，朱熹《四书章句集注》，上海：上海书店，1987年，第47页。
⑤ 《论语·阳货》，朱熹《四书章句集注》，上海：上海书店，1987年，第130页。
⑥ 《论语·泰伯》，朱熹《四书章句集注》，上海：上海书店，1987年，第56页。

　　道家美学的全部思想建立在关于"道"的理论基础之上，为纯自然美学。道家以真为美，以善为美。在美与真善的关系上，儒家美学充分地肯定美与善、善与真的统一，道家美学则相反，它处处致力于揭露美与善、美与真的尖锐矛盾以及美丑对立的相对性、虚幻性和不确实性。在人道与天道的关系上，儒家强调"天道远，人道迩"，注重人道和现实的理性精神，道家则注重"复归于朴""道法自然"，以天道超越人道。因此道家追求纯粹的自然精神，追求虚、静、明的心境。在对待具体的艺术门类方面，儒道具有截然不同的态度。如礼乐，儒家提倡礼乐，希望通过礼乐来"安善治民，移风易俗"。老子以为"上德无为而无以为，下德为之而有以为。……夫礼者，忠信之薄而乱之首。"①庄子更进一步提出"人乐""天乐"的概念，认为"三军五兵之运，德之末也；赏罚利害，五刑之辟，教之末也；礼法度数，刑名比详，治之末也；钟鼓之声，羽旄之容，乐之末也；哭泣衰绖，隆杀之服，哀之末也。"②人为的"澶漫为乐，摘僻为礼"，实际上是"屈折礼乐以匡天下之形，悬跂仁义以慰天下之心"③。因此，他们认为"礼乐遍行，则天下乱矣"④。在道家看来，儒家倡导的"礼乐"并非真正的音乐。真正的音乐是形而上的、与"道"合一的音乐，也就是"大音希声"和"至乐无乐"。《庄子》称自然之道为大宗师，"恬淡无极，虚无无为，此天地之平而道德之质也"⑤。"道"是美的本源，它"覆载天地，刻雕众形而不为巧"⑥，

①《老子》第三十八章，《道教三经合璧》，杭州：浙江古籍出版社，1991年，第25页。
②《庄子·天道》，《道教三经合璧》，杭州：浙江古籍出版社，1991年，第174页。
③《庄子·马蹄》，《道教三经合璧》，杭州：浙江古籍出版社，1991年，第140页。
④《庄子·缮性》，《道教三经合璧》，杭州：浙江古籍出版社，1991年，第193页。
⑤《庄子·刻意》，《道教三经合璧》，杭州：浙江古籍出版社，1991年，第191页。
⑥《庄子·大宗师》，《道教三经合璧》，杭州：浙江古籍出版社，1991年，第124页。

"淡然无极而众美从之"①。也就是说依"道"而行顺其自然，不要刻意修饰。

经秦的短期统一后，中国历史发展进入两汉时期。两汉时期，国家统一，处于上升时期的统治阶级对征服支配外部世界具有强大信心和力量，显示了汉代美学的新特色。

首先是气魄宏大，展示巨丽之美。两汉奋进、强健、博大的时代精神灌注入人们的心灵，汉代各种艺术形式均具有宏阔的气象。赋铺排列叙、写景图貌，汉武之世的赋，气势恢宏，景物迷离，辞藻华丽而奇僻，反映了西汉国家的宏伟辽阔，繁荣昌盛，表现了物质世界的丰富多彩。王充在《论衡·定贤篇》论诸家赋特点在于"文丽而务巨"，以铺排宏丽的文辞，夸饰的手法增强作品的艺术感染力。"赋家之心。苞括宇宙总览人物。斯乃得之于内。不可得而传览。"②赋的空间感浩大，赋者在广大宇宙间移步换形，游思畅怀，展示出纷纭驳杂、多彩多姿的美。被誉为"史家之绝唱，无韵之离骚"的《史记》，其写作的内心动力是"恨私心有所不尽，鄙没世而文采不表于后"，故而司马迁要"究天人之际，通古今之变，成一家之言"。汉代建筑自汉立国起，就追求巍峨壮丽，萧何作未央宫，以"天子以四海为家，非壮丽无以重威，且无令后世有以加也"③为理由，将未央宫建设得规模庞大、结构复杂。王公大臣的府第同样巍峨壮丽，王延寿在《鲁灵光殿赋》中赞叹鲁恭王府"何宏丽之靡靡，咨用力之妙勤，非夫通神之俊才，谁能克成乎此勋"。汉代音乐汪洋恣肆，司马相如《上林赋》描述了宏大的音乐场面："《巴俞》、宋、蔡，淮南《于遮》，文成、颠歌，族举递奏，金鼓迭起，铿锵铛㗫，洞心骇耳。荆、吴、郑、卫之声，《韶》《濩》《武》《像》之乐，阴淫案衍之音，鄢郢缤纷，《激楚》结风，徘优侏儒，狄鞮之倡，所以娱耳目而乐心意者，丽靡烂漫于前，靡曼美色于后。"汉代乐舞有着"山陵

---

① 《庄子·刻意》，《道教三经合璧》，杭州：浙江古籍出版社，1991年，第190页。

② 《西京杂记全译》卷二，贵州：贵州人民出版社，1993年，第65页。

③ 《史记·高祖本纪》，长沙：岳麓书社，1988年，第167页。

为之震动，川谷为之荡波"的磅礴气象。汉代碑刻风格多样，结体用笔富于变化，方正雄健的张迁碑，法度森严的礼器碑、遒劲浑穆的鲜于璜碑，飞动舒展的曹全碑，都在磅礴大气中透出粗犷雄浑，天然古拙。汉代画像石、画像砖以浅浮雕、高浮雕、阴线与阳线相交兼施的技法，以简洁刚健的线条塑造形象，意境古朴丰满，运动节奏夸张奔放，场面壮阔深远，粗放遒劲中不失细腻。

其次是天人合一，充满精神活力。言书法重"势"、言"文"重"气"、言"诗"重"味"、言音重"韵"是中国传统的审美取向，司马迁认为一切有价值的著作都是历史上的志士仁人"意有所郁结，不得通其道"，而"发愤之所为作"的产物。扬雄明确地把著作家，包括文艺家的著作同其人格、道德、精神联系起来，提出"言"为"心声"，"书"为"心画"的说法。汉代的石刻、陶塑在继承秦以来的写实艺术的基础上，更注重人与动物内心精神气质的表达，用高度概括的手法取大势、去繁缛，追求神似，不讲究细节，对五官、衣纹等只作简单交代，进退俯仰、节奏感强，抓住最为典型的一瞬，观察入微，表现自如，从气质的表现上张扬其活力，其审美意味在某种程度上与汉大赋感物造端、铺张夸饰之风有异曲同工之妙，具有较为鲜明的纵横捭阖、沉雄豪放的"大美"气象。

最后是古拙夸张，气象神秘奇谲。无论是长袖善舞的陶俑、奔驰的骏马、眉飞色舞的说书人，还是车马战斗的情节，神话传说的人物，在汉代的雕塑中都没有细节，没有修饰。比较秦兵马俑和霍去病墓石雕，我们可以发现，粗轮廓的写实，没有任何细部的忠实描绘，构成汉代艺术的"古拙"外貌。突出的是高度夸张的形体姿态，手舞足蹈的大动作，异常单纯简洁的整体形象，包含着内在的运动、力量的气势感。汉画像石题材丰富，渔猎、耕织、宴飨、作战、伎乐、舞蹈等场面以及历史故事都成为画像石表现的内容。汉代，神秘奇谲的神仙思想、阴阳五行变化思想十分流行，这也使得汉代审美充满了一种以悲为美的特征。史载汉高祖好楚声，《西京杂记》载：帝"常拥夫人依瑟而弦歌，毕，每泣下流涟"。扬雄为赋"极丽靡之辞，闳侈钜衍"，司马相如写作《上林赋》，"欲以风（讽），帝反缥缥有凌云之志"①。汉代辞赋中所描写的乐舞，都是以悲为美，推崇的是尚悲的乐舞风。

　　魏晋南北朝是中国美学发展史上具有重大意义的转折时期。东汉以来日趋僵化、烦琐的儒学影响力不断削弱，此时期，老庄思想盛行，道教神仙思想对魏晋南北朝时期士人的审美取向、人生理想有着深刻的影响，自然之物因为与修仙炼道相联系而具有神性的光辉。远离尘嚣、徜徉于自然山水中的生活被视为神仙般的快乐理想生活，自然独立地作为审美对象进入人们的视野。由此士大夫的生活方式和思想意识都发生了重大变化。玄学产生，佛学发展，出现儒释道鼎立又相互融合的局面，与士大夫生活上和思想上获得了过去所没有的一个相对独立自由的活动天地相联系，审美上由过去个体服从社会转变为对个体精神自由的崇尚，"夫精神者，所受于天也，而形体者，所禀于地也。"②既然精神形体来自天地，个性的张扬便成为魏晋的时代精神。以嵇康为代表的文人士大夫主张"越名教而任自然"，远离浊尘的自然山水成为人们追求超越世俗精神美的最好寄托之所。许多名士把盘桓山水、纵情自然山水作为超脱形役、养身保神、追求精神自由的必要途径，形成了如清远、虚静、风骨等诸多魏晋审美范畴。在魏晋文学发展过程中，出现了一批文学批评著作，如《文心雕龙》《诗品》等，主张文附于质、质待于文的文质统一论，"干之以风力，润之以丹采"。③与此相联系，汉末以来的所谓人物品藻，从通过社会舆论的品评向统治者推荐人才逐渐演变成对人物的个性气质、风度才华的品评。这种品评不只是政治伦理的，而且更是审美的。这种情况深刻地影响到各门文艺和美学思想的发展，使得这一时期的美学思想经常从人的内在的个性、气质、天赋、独特的心理感受等角度来观察审美与艺术问题。

　　隋唐是中国历史上又一个大一统时代，版图广阔，国力雄厚，

---

① 《汉书·扬雄传》，北京：中华书局，2007年，第876页。
② 《淮南子·精神训》，《吕氏春秋 淮南子》，长沙：岳麓书社，1989年，第68页。
③ 《诗品序》，见《梁书》四九《钟嵘传》。

经济、政治、文化都得到空前的发展，统治阶级也表现出一种宏大的创造的气魄。隋末唐初的美学力挽魏晋之末低级、官僚享受的颓风，重申先秦儒家主张美善统一、重视文艺的积极社会作用的思想，确立一种同统治阶级积极创业、励精图治的要求相适应的奋发向上、刚健有力的审美趣味、审美理想。刚健之美的风格在散文、诗歌、书法、绘画中都表现了出来。观赏唐代绘画、雕塑、陶俑及各类艺术作品所表现的女性形象，留给人们最突出的印象，是"丰肥浓丽、热烈放姿"。盛唐气象是弥漫于艺术各领域的时代精神，读"前不见古人，后不见来者。念天地之悠悠，独怆然而涕下"，其胸襟开阔、抱负远大、热情开朗、乐观自信的精神风貌破纸而出，一种突破现状的豪迈气质、追求理想的激情扑面而来。李白的豪放飘逸，杜甫的沉郁顿挫，无论是高亢峭丽的边塞诗，还是恬静幽寂的田园诗，都体现出一种积极昂扬人生追求。辉煌璀璨的唐三彩，绚丽斑斓的釉彩，鲜丽明亮的光泽，优美精湛的造型，使其斑斓的艺术效果在雕塑精美、造型生动的俑上得到了完美的发挥和淋漓尽致的展现。绘画艺术方面，人物画、山水画、花鸟画，均气势宏伟。壁画艺术在隋唐达到极盛，无论题材、技巧均大大超过前代。唐代雕塑一改北朝"秀骨清像"，各类雕刻构图新颖，技法娴熟，既注重整体设计上的造型准确，又把握细部刻画上的工艺精巧；既在大气中突显精神，又于精细中见出灵气；既形象丰满，神情毕肖，充满浓郁的生活气息，又构想奇特，造型夸张，富有浪漫的时代特征，呈现出世俗化、大众化的趋向。其所表现的宗教性、神秘性的成分淡化减弱，而艺术性、群众性的东西不断强化。雕塑的内容和形式越来越贴近社会现实、社会需求和社会生活，贴近不同阶层、不同民族和不同年龄的人群，更符合老百姓的心理需要。从中唐开始，唐代统治从繁荣的顶峰逐步走向衰落。在知识分子中，普遍出现了渴望实现儒家理想、报效朝廷但又不可得的苦闷情绪，产生了一种既想积极入世、立功扬名，又想消极退隐、独善其身的矛盾心理。中唐以来迅速发展起来的中国佛学禅宗日益浸入文艺和美学的领域，晚唐司空图的《二十四诗品》更为集中和鲜明地表现了禅宗的深刻影响，更为成功地把禅宗的思想倾向化为一种审美的理想和境界，标志着晚唐美学的重大转变，这种转变对两宋美学产生的影响极大。

宋代是经济高度发达、政治制度成熟、文化高度繁荣、对外军事屡弱的时期。表现在艺术上的一大特征，是与宫廷艺术相并立的文人士大夫的艺术得到了迅速发展，同时产生了以市民为对象的世俗文艺，如宋人的话本小说之类。宋代美学的主流和文人士大夫艺术的发展分不开。它直接继承司空图的美学思想，但去掉了虚幻的神仙色彩。宋代美学的重要特点是，既不向往神仙或宗教的狂热境界，也不渴慕治国平天下的事功业绩，它面向现实的人生，高度重视生活情趣，纯任情感自然地流露和表现，推崇平淡天然的美，鄙视宫廷艺术的富丽堂皇、雕琢伪饰，是中唐以来强调直觉、灵感、意境，在平淡中见隽永的禅宗美学倾向的表现。欧阳修是宋代在各个方面开风气之先的人物。他主张文章应"得之自然"，欣赏"宽闲之野，寂寞之乡"的自然美，要求绘画画出"萧条淡泊"之意、"闲和严静，趣远之心"。苏轼和欧阳修一样，主张文章要"得之自然"，但他更强调要如"行云流水"一般，"常行于所当行，常止于不可不止"。苏轼美学思想的豪放与感伤相矛盾而又统一，这种怀疑和感伤的特征是中唐以来许多封建士大夫中存在的进取与退隐的矛盾心理的进一步发展。它已经不只是政治上一时失意的表现，而潜在地包含了对现实社会生活的永恒合理性的疑问。邵雍、程颢、程颐、朱熹等哲学家则把被他们加以客体化的、具有伦理道德性质的"理"提到了至高无上的位置，声称"名教之乐"胜于"人世之乐"，对审美与艺术创作一般采取轻视贬低甚至否定的态度；但在对人生终极境界的看法上，他们所追求的最高的道德境界又和审美的境界相通。穷究性理、重视才学的文化诉求，崇尚典范、念远怀旧的文化心态，使宋代文化书卷气息浓厚，富于雅化色彩。

宋代重文轻武，优待文士。在这种政策的保障下，魏晋以来消沉的儒学复兴，儒士信佛崇道，宋代重要的思想家都精通佛典，许多文人学士都与佛门道观有深交，百姓读诗书、供佛祖、拜道观的现象颇为普遍。出现了佛徒士大夫化和文人居士化交互并现的普遍社会现象。如合江出土的《故宋侯居士墓志铭》就提供了百姓读诗书、供佛祖的清晰记载。侯居士一方面"取佛书读之""持释老戒甚严""市牒以度僧道",一方面"储书满屋室,辟黉宇招名士教导"。这个案例说明儒佛道的融合不仅有学术界的努力,更在民间有着坚实的基础,最终两宋诸子糅合儒释道形成理学。儒佛道的三教融合,使宋人形成复杂的性格。一方面想积极进取入世治国平天下,同时又想象如道家般的顺其自然和佛家一样超然自我。这些心态最终形成宋代文人普遍豁达闲适、随遇而安的性格,范仲淹《岳阳楼记》"先天下之忧而忧,后天下之乐而乐""不以物喜,不以己悲"正是这种性格的写照。苏轼被贬岭南瘴疠之地,作诗"日啖荔枝三百颗,不辞长作岭南人",体现出一种安贫乐道、平淡朴素的审美情趣,这种审美情趣后来衍生为一些文人退隐庙堂之远、与闲云野鹤相伴的深邃幽静的静态之美,这种美学追求在很多艺术作品中都有体现。

第二节 合江的汉风宋韵

合江地区汉宋墓葬众多,出土的文物也多,比较这些墓葬和文物,可以发现我们民族的文化在历史发展长河中经历的变化。

早就有学者注意到泸州地区汉宋墓葬所体现的文化传承一脉相传的谱系性。首先青龙、白虎、朱雀、玄武四象是汉棺上的常见图像,在宋墓石刻中依然是主要的题材之一,甚至基本构图、线条和赋形都极为相似。

汉代画像石棺中"妇女启门"(或称"半启门")主题,目前合江地区发现 4 幅,是四川出土此类画像最多的地区。图像基本构成为一幢二层楼房,上层为一楼阁或二楼阁,底层为三开间。两扇门一开一闭,一女子倚门而立,头挽髻或戴冠,着长服,左手扶门,探半身做观望状或聆听状(参见图 5-1)。这类题材在唐宋时期的墓葬和与墓葬同性质的佛塔、佛塔式的经幢中开始再度流行。泸州南宋石室墓,除了合江有启门图外,泸县等地也发现有启门图,不仅有妇女启门的场景，也有男子启门的情景出现。[①]

图 5-1　合江汉石棺的半启门　　　　图 5-2　泸州宋墓石刻的半启门

对汉画像石"半启门"的意义，霍巍认为是十分清楚的。"首先，从图像所处位置看，他们通常位于墓室向外开放一侧，具有外向性特点；其次，启门者身份特殊，……表明其身份不是凡界中人，而是天上的仙女。"[②]总体来看，汉代画像石"半启门"的门具有"魂门"或"天门"的象征意义。而宋墓石刻再度出现的半启门图像，情况要复杂得多。第二章曾提到，北宋在中原地区普遍流行仿木建筑砖室壁画墓，墓内多用壁画或雕砖作装饰，其内容主要是表现墓主人的日常生活，墓室的后壁，则往往有"妇女掩门"雕砖。四川地区石室宋墓这类题材也多见，雕刻图像所处位置往往居于墓室之内，最常见的是在后壁，与北宋中原地区一脉相承。与汉画像石同类图像相比，明显具有封闭性特点，其次启门者身份发生变化，手中所持之物多为日常生活器具。

四象、半启门这类汉画像石的题材，是典型的汉文化表现，说明在泸州地区，虽然经历了自魏晋以后至宋几百年的大规模僚人入居，但入居的僚人虽数量庞大，却很快就接受汉文化的浸淫，整体

----

① 霍巍：《泸州宋墓的时代风格》，《泸州市博物馆藏宋墓石刻精品》。北京：中华书局，2016 年，第 204 页。

② 霍巍：《泸州宋墓的时代风格》，《泸州市博物馆藏宋墓石刻精品》。北京：中华书局，2016 年，第 204 页。

融入于汉文化中，成为汉人。中国是一个文明国家从此处得一例证，因此汉文化的传承一直没有中断，石刻艺术的传承脉络清晰可循。

但是，汉宋毕竟是两个不同的时代，与前代相比，宋墓石刻不类秦汉的拙重粗犷、隋唐的豪迈飘逸，而是具有鲜明的时代特征，比较汉宋两个时代的雕塑，可以从中审视我们民族审美观和美学思想的发展。

首先，从总体风格看，汉尚动，宋尚静；汉奔放，宋内敛；汉追求宏阔气势，有一种磅礴的浩然之气，宋体现方寸天地，有一种淡雅的书卷之气。

如前所述，汉代是中国历史上一个大气磅礴的时代，汉代各种艺术都向人们展示了数量众多、体积宏伟、场面广阔、威势无比的巨丽之美。汉代文人面对风云激荡的世界，一种建功立业的豪情与人生苦短的慨叹如影随形般充溢在作品中。汉代建筑同样在追求体天象地、包蕴山海的气派，今天所见的汉代建筑实物资料，是各地墓葬中出土的汉代建筑明器，这些建筑风格有着高大凌空的体势和向上耸立的多层结构。图 5-3 是甘肃武威出土的汉陶楼，其庭院、高楼的构建，反映汉赋中所夸饰的规模庞大、结构复杂的宫殿建筑并非空穴来风。

图 5-3 甘肃武威出土的汉代陶楼

如果说图 5-3 反映的是庄园建筑的话，则合江汉画像石棺上的建筑可以说是一般平民之居，如图 5-4 所示：

图 5-4　合江汉画像石棺宅第图

由图 5-4 可见，汉代在建筑结构方面，木柱梁系统得到进一步发展，四柱起支撑作用，多层木楼阁出现。图 5-4 是二层楼建筑，房屋建在高台上，一层面阔三开间，为一堂二内之制，屋顶为庑殿顶，四面斜坡，柱梁高大，二层起小楼，楼顶斗拱类似汉阙顶，远远望去，有一种巍峨的感觉。

汉代的雕塑是意象性的，注重"以形写神"，用充满韵律的线条来发挥美感，使人受感染的不是比例结构的准确本事，而是传神美化的功夫。抓住大体大貌，突出物象的基本特征和外在动作，用简练概括的手法突出强烈夸张的动势，赋神于粗犷的外形中，使形与神有机的结合，从而构成汉代雕塑艺术的古拙风貌。

图 5-5　西汉马踏匈奴、跃马石雕和东汉铜奔马

马踏匈奴表现一匹站立的战马腹下有一个长髯裸身的敌人手持弓和矛做垂死挣扎。卧地的敌酋正好填补马腹下的空间，使马的四

足得到合理的支撑。跃马是一块巨石，选择适当部位雕出马头和侧面形象，石头自身的稳定与马的腾跃得到奇妙的统一。东汉铜奔马又名马踏飞燕，其形象矫健俊美，别具风姿。马昂首嘶鸣，躯干壮实而四肢修长，腿蹄轻捷，三足腾空、飞驰向前，一足踏龙雀。一匹躯体庞大的马踏在一只正疾驰的龙雀背上，小龙雀吃惊地回过头来观望，表现了骏马凌空飞腾、奔跑疾速的雄姿。

　　与大型石雕一致，汉代的画像砖石，以刀代笔，风格质朴粗放，注重形体的大致勾勒，而不做局部的细致处理，布局疏朗，主题突出。合江汉画像石棺在形象塑造上，以曲线为主的轮廓线强调形象的形体与动态特征，几乎所有的形象都处在行进、跳跃、流贯、顾盼、飞腾的运动瞬间，图 5-6 中的每个人物、动物，无不是动态，画师抓住动作瞬间，非常传神地描刻出交谈、博弈、起舞等场面中人物的神态。

图 5-6　合江石棺画像·宴饮图

　　图 5-5、图 5-6 给人的观感是一种粗轮廓的整体形象的飞扬流动，表现出力量、运动、速度以及由之而形成的"气势"的美。运动、力量带来的"气势"是汉代艺术的本质。这种"气势"常常通过速度感表现出来。这种速度感，则以动荡而流逝的瞬间状态集中表现着运动加力量。因为是靠行动、动作、情节而不是靠细微的精神面容、声音笑貌来表现世界，因而粗轮廓的写实，缺乏也不需要任何细部的忠实描绘，便构成汉代艺术的"古拙"外貌。观察图 5-6，各

种人物、禽鸟的形象看起来都显得笨拙古老，姿态不符常情，长短不合比例，直线、棱角、方形又缺乏柔和特质，但这一切都不但没有减弱反而增强了运动、力量、气势的美，"古拙"构成这种气势美的不可分割的必要因素。

宋代经济繁荣，军事羸弱，体现在文化上便不复再有汉唐的那种恢宏气势。有学者曾用以下文字描述宋代文化特点："宋代是一个文弱而文雅的时代，其思想感情已由唐代的热烈奔放而渐渐变冷从而收敛自己，犹如从崇拜旭日而转为崇拜明月，从敢于面对喷薄之朝阳转而遥望明寂之星空，显得宁静而沉滤。"①这种变化体现在思想和学术上，是理学的产生和居于主导地位。在宋代理学家看来，理是精神现象概念，气是物质现象概念。理是本原主体。朱熹认为"天地之间，有理有气。理也者，形而上之道也，生物之本。气也者，形而下之器也，生物之具也"②。在道与文的关系上，他认为"道者，文之根本，文者，道之枝叶。惟其根本乎道，所以发之于文皆道也"③。

理学心态是内敛型，讲究回归主体心界，一切都根源于心性。以心之方寸去牢笼天地，万物便皆备于主体之心。方寸宇宙成为心学的重要命题。宅心为大，遂能包括万有。在园林美学上，不再是汉代的广袤无垠，而是小巧精致，不再是寻求宇宙空间之大，而是获得自我心象之广。他们可以在一件玩物，一座园林，一处景观中观照到这之外的洪浩宇宙。宋人有许多以小观大、以景发理的诗，如黄庭坚"翠屏临研滴，明窗玩寸阴。意境可千里，摇落江上林"之句，便是借咏观而发宇宙之理。

理学提倡"存天理、灭人欲"，因此当时的中国文人学子及整个民族的文化心态，有"向内转""内敛""内倾"的特性。在物质层面上一般不求其宏大，而在精神象征意义上具有深广的蕴意。正如宋代理学家邵雍言"心安身自安，身安室自宽""气吐胸中，充塞宇

---

① 王振复：《中国建筑的文化历程》，上海：上海人民出版社，2000 年。
② 《答黄道夫》，北京大学哲学系中国哲学史教研室选注，《中国哲学史教学资料选辑》，下册，北京：中华书局，1982 年，第 95 页。
③ 《朱子语类》卷一百三十九"论文"。

宙"。坐禅入定是理学的体认方式和心态，宋代理学家主张静观，程颐说："学者先务，固在心志。……存此涵养，久之自然天理明。"①他在《答横渠张子厚先生书》中提出"定"的主张，他说："所谓定者，动亦定，静亦定，无将迎，无内外。……无事则定，定则明。"②也就是说，只要顺物理而动，动就是定，顺物理而静，静也是定。定为排除外物之干扰，又为排除主体之欲念，动则静，静则澄然无事，物我双忘。

宋代美学重视虚静心态在审美中的作用。苏轼认为"彼游于物之内，而不游于物之外"③，在其《送参寥师》诗中，他写道："欲令诗语妙，无厌空且静。静故了群动，空故纳万境。"诗人看来，虚静，才能掌握各种动态（"了群动"），才能淘尽心中世俗之物，腾出空间容纳万般境界千种意象（"纳万境"）。要求审美主体不要遮蔽或代替对象，在审美过程中不要突出和显露自身，而是把自身融入对象，成为经过对象化之自身。这种动静相结合的观照方式，是在静观中有动之视域，观照对象之变化万端。

这种静观的体认方式使宋人在生活中显得从容不迫、悠容自在，在艺术上特别是雕塑艺术上"静"表现得尤为明显。合江宋墓石刻中的图像，无论武士、侍仆、男女主人，还是青龙、白虎、朱雀、玄武，都表现为一种静态，无复汉之运动过程。

图 5-7 中的人物，很像今天之所谓摆拍，他们神情严肃，处于一种静默状态，符合理学关于"定"的要求。左图武士，虽然披甲仗剑，瞪眼吞口，作势威武，但抱手于腹，剑未出鞘，呈静默状态。中图人物，端坐椅上，做沉思状，给人以一种"心安身自安"的寂然无声感觉。右图人物，站立端正，手持念珠，双目微闭，一派心无杂念的禅定模样又若有所思。这些人物的神态，与图 5-6 的人物

① 《河南程氏遗书》，《二程集》第一册，北京：中华书局，1989 年，第168、169 页。

② 《河南程氏遗书》，《二程集》第二册，北京：中华书局，1981 年，第460 页。

③ [宋]苏轼：《超然台记》，吴楚材、吴调侯选《古文观止》下册，北京：中华书局，1979 年，第 492 页。

形象大相径庭。

图 5-7 合江宋墓石刻中的人物

汉代雕塑人物是运动的，动物同样是运动的，而宋代雕塑中的动物与人一样，大都处于静态之中。

图 5-8 汉石棺上的舞者，其舞蹈造型给人的感觉就是旋转飘逸的"飞舞"，宽袖，束腰，注意手型和脚部的刻画，舞蹈特点主要是"以手袖为容，踏足为节"，舞姿风格是细腰曲折，长袖飘飞，体态轻盈，舞人穿着宽长袖舞衣，双臂舒张，手掌竖立，身躯中心枢纽的腰在灵活曲折的转动，单脚立于叠案上，一腿前伸，做旋转状，舞姿造型新颖。雕刻家没有对细部的任何纠缠，舞人面部仅有轮廓，手足也只有大型，但整个画面动感十足，气势昂扬、雄健有力，充满勃勃生机。图 5-9 出土于泸县石桥镇新屋嘴村，舞女头戴花冠，五官清晰，身着圆领窄袖上衣，下穿及地长裙，翘尖鞋，束腰带，两脚微曲立于荷叶之上，左小臂稍抬，手执荷花、荷叶、蒲草及弯曲饰物扎成的舞具，背于身后，右肘略提起，袖朝里绕，上身略微倾，其重心向左移动，搓袖起舞，观者有一种轻挪慢移的感觉，尽管在动，但节奏缓慢，步幅很小，不似汉舞那样飞旋激荡，大开大合。有学者认为舞者在跳"六幺"舞。"六幺"又名"绿腰"，该舞蹈的特点是"以舞袖为主，舞者穿长袖窄襟舞衣，舞姿轻盈柔美。

节奏由慢转快，舞态飘逸敏捷"①。比较图 5-8、图 5-9，我们发现
中国古代长袖善舞，以舞具、舞服为容，抒发情感，表现生活的特
点自汉至宋一脉相承，其区别在于一奔放，一娴静。

图 5-8　合江汉石棺上的舞者　　　图 5-9　泸县宋墓石刻的舞者②

图 5-10　合江出土的汉宋石棺上的朱雀

　　图 5-10 是合江出土的汉、宋石棺上的朱雀形象。左图是汉画像
石棺的朱雀，冠和尾用弧线勾勒，非常秀丽活泼，脚部和双翅采用
直线，刚健有力，线条简练，结合在一起成为惹人喜爱的亭亭玉立

---

① 张春新：《南宋川南墓葬石刻艺术》，重庆：重庆大学出版社，2011 年，
　　第 91 页。
② 政协泸县委员会：《泸县宋代石刻》，第 65 页。

的朱雀，给人一种翩跹起舞的跳跃动感。右图为宋石棺朱雀，人面鸟身，双足并立，虽双翅大张，尾羽展开如开屏，却缺乏飞翔起舞的动态，与左图相比，其动静之别一目了然。

其次，从题材选择看，汉有仙化的追求和尽孝的义务，渴望在仙界中获得永生，成为家族壮大的种子；宋则谨守现世，希望满足自身欲求并利后世子孙。

汉代神秘奇谲的神仙思想、阴阳五行变化思想十分流行。在出土的汉代文物中，常常可见身生羽翼或鸟首人身的形象，称为"羽人""鸟人""仙人"。从《史记·封禅书》的记载可知，神仙之说起源于战国之初，《楚辞·远游》中有"仍羽人于丹丘兮，留不死之旧乡"之句，经秦皇的揄扬，至汉武大盛。不死和飞升是汉代神仙思想的两大特征。《说文解字》云："仙，长生仙去。"仙，从人从山，故《释名》曰"仙，迁也。迁入山也。"因此"仙"不仅具有长生不老的意思，还有飞升之意。东汉谶纬之风盛行，黄老之学从西汉主要侧重于清静无为、与民休息转向养生、修仙的内容，出现了以求长生福为中心的黄老道，不仅对统治者有吸引力，而且活跃于社会下层，成为道教的前身。升仙思想是汉代，特别是东汉思想的重要特征。在其影响下，诗歌创作大量出现游仙诗，在艺术领域，则是画像石棺上出现诸多的神灵异兽。

仙化本质上是一种对死亡的恐惧和抗拒的心理表现。"汉代的仙界，是吸纳了古代尤其是战国以来的神仙思想和神仙方术，杂糅了传统的鬼神观念，囊括了自然神、祖先神在内的各类神灵系统。分析合江画像石棺，结合其他地区的汉画像石内容，这些神灵既有人文初祖的伏羲、女娲，又有掌人生死的西王母，仙人中较出名的有赤松子、王乔，还有各类与天界、仙界有关的自然和超自然的符号形象，如日月、星宿、常青树、鱼雀、龙虎、蟾蜍等。"①

在合江汉代石棺的画像中，有两个题材后世已经不再常见。一

---

① 贾雪枫：《石棺密码——合江汉代画像石棺研究》，成都：四川大学出版社，2014年，第98页。

是西王母，一是女娲伏羲。笔者曾在《石棺密码——合江汉代画像石棺研究》中对这两类题材进行过分析。

在《山海经》中，西王母豹尾虎齿戴胜，穴居野处，役使三青鸟，其职掌是"主知灾厉五刑残杀之气"（郭璞注），与瘟疫、刑罚有关，战国以降，西王母的形象有了明显的变化，由巫转变为人王，进而成为正神。秦汉之际，西王母的职掌进一步明确化，伴随而来的是对西王母崇拜的流行。东汉以后，随着道教的兴起，道教的神仙系统逐渐完善，西王母信仰中包含的不死理念刚好与道教长生成仙的终极目标相符。西王母从神话女神转化为道教女仙的首领，逐渐褪去原始神话的气息，其神职不仅是赐人幸福和赐予长生不老之药，还增加了赋予人升仙的能力。

图 5-11　合江汉石棺羿请不死药于西王母图

合江画像石棺中的西王母，其造型基本上是端坐龙虎座，右为龙，左为虎，双手拢在袖中，拱于胸前。有的单独出现于画面，有的与羿请不死药联系起来共同出现于画面，有的与天门、车马出行共处于画面，有的与常青灵芝、凤鸟同置画面。人们刻西王母于石棺，首先是祈求西王母降不死之恩，西王母居昆仑山、有不死药，因此民间对西王母庇佑不死的祈望不断加码。其次是祈求西王母降不朽之恩，也就是希望西王母能够保障自己的形体得到保存。与西王母崇拜相联系的是蟾蜍、灵芝之类神异动植物经常出现在汉石棺上。

图 5-12 合江汉石棺中的蟾蜍、灵芝

伏羲、女娲是中国远古神话中人的始祖神，他们在汉代乃至唐代时期的画像石中屡见不鲜。在汉画像石中，伏羲、女娲一般以三类构图形式出现，一是单独出现，一是伏羲、女娲共同出现，一是以伏羲、女娲相伴在西王母身边的形式出现。

图 5-13 合江 1 号汉石棺中的伏羲女娲

伏羲女娲是人文初祖，是人类生命的最初来源，是人类生命的本源。在中国民间信仰中，祖先——灵魂，并没有因为他们的死而减轻对生的责任，相反责任更重，义务更大。他生前为子孙后代操劳，死后被供为祖先，还要继续为子孙繁衍做贡献。因此，所谓视死如归，就是回归到生命的最初来处，成为生命的种子，所以灵魂的回归，相当于为家族的繁衍播下一粒种子。

宋代面向现实的人生，高度重视生活情趣，从总体上体现出尚"理"和"理趣"化倾向，使宋代美学讲法度、求精致，美学追求趋向雅化，尚雅、尚清、尚逸、尚韵成为时代风尚，同时也出现了与此形成对立的以俗为雅的美学俗化倾向。这种美学俗化体现在民俗上，是丧葬礼仪中出现了戏乐歌吹，丧葬之家用音乐及栏街设祭。太平兴国九年（984）朝廷曾对此做过训斥："访闻丧葬之家，有举乐及令章者。……或则举奠之际歌吹为娱，灵柩之前令章为戏，甚伤风教，实紊人伦。"①但是与朝廷禁止火葬的努力一样，看来收效不大。儒释道在宋代的融合，也为民俗的演化提供了条件。士大夫参禅悟道，以出世的精神做入世的事，佛教的主题在宋代发生了转换，由宗教性的出世解脱或来世的幸福转向伦理的指导现实人生。同时，道教在宋代的演化过程中，逐渐摆脱符象鬼神等怪诞诡谲之习和外丹炼养之风，逐渐转向内丹炼养。与佛道的转化相适应，宋代丧葬出现了新特点。

一是风水之学盛行，孝道观开始向私利观转化。葬礼中，"卜宅兆葬日"是最重要的环节，是风水之说最吸引人的地方，也是宋代民间最受重视的民俗事项之一。风水指宅地、墓地的地势、方位及环境。宋时风水之说大行，司马光指出："今之葬书，乃相山川、岗畎之形势，考岁月日时之支干，以为子孙贵贱、贫富、寿夭、贤愚皆系焉。非此地、非此时不葬，举世惑而信之。"②《鹤林玉露》引杨万里的话，指出世人"精于风水，宜妙造吉地"的目的在于"以福其身，以利其子孙"③。宋墓石刻中有体现这种思想的例子。

成都金鱼村一座宋墓出土两块买地券，其中一块上书铭文："于此成都县延福乡福地，预造千年吉宅，百载寿堂。……所祈愿闭吉之后，四时无灾厄相侵，八节有吉祥之庆。"④成都营门口乡发现的

---

① 《宋史》卷一百二十五《志》第七十八《礼》二十八 "凶礼四"，北京：中华书局，1977年，第2918页。
② 司马光：《书仪》卷七《丧仪》三 "卜宅兆葬日"。
③ 罗大经：《鹤林玉露》丙编第六卷 "风水"，北京：中华书局，1983年，第345页。
④ 张勋燎、白彬：《中国道教考古》，转引自霍巍《泸州宋墓的时代风格》，《泸州市博物馆藏宋墓石刻精品》，北京：中华书局，2016年，第201页。

南宋墓中出土的买地券刻书"祈愿（闭）吉之后，福如山岳，寿比松椿"。①"千年吉宅，百载寿堂""四时无灾厄相侵，八节有吉祥之庆""福如山岳，寿比松椿"显然是"以福其身"之意。泸县牛滩玉峰村出土的《张氏族谱》有"将被恩宠以容及祖宗焉，庆吉之日始（后残缺）"之句②，点明张氏墓葬能够"容及祖宗"。合江《宋故侯居士墓志铭》则曰墓志铭有"后之人又能揄扬夸大以为显亲之孝"的功能（参见第四章有关内容），说明宋时"妙造吉地"确实是在"以福其身，以利其子孙"的心理作用下进行的。

一是丧礼中道释影响大增。《宋史》礼志"士庶人丧礼"开篇即云："禁丧葬之家不得用道、释威仪及装束异色人物前引。"说明道释对丧葬仪礼的影响已经到了需要朝廷出面干预的程度。宋及以后丧葬习俗基本上是儒释道的杂糅，装殓、报丧、饭含、成服、大殓是儒家的，请阴阳、置七星板、钉长命钉是道教习俗，念倒头经、做七七斋则是佛教习俗，这些习俗构成了中华民族特别是汉族宋代以后的主要丧葬习俗。

汉、宋不同的丧葬观念，使其墓葬石刻艺术特点迥异。汉人渴求飞升仙化，而仙境是缥缈无象的，因而汉代墓葬的画像石大多具有浪漫主义色彩，瑰丽而模糊；宋人讲求现世，现世的生活必然是具体而实在的，因而宋代墓葬绝少飞升之类题材。受此影响，宋墓石刻的雕塑呈现婉约、抒情和个性化的特点，且趋于规整绚丽。一是因为宗教雕塑的神圣性大为减弱，世俗化倾向大为增强；二是因为前代雕塑中那种雄浑阔大的气势消退殆尽，而代之以典雅秀丽的风格。

图 5-14 的花卉、人物均清秀细腻，反映出宋代雕塑造型由意象向具象转变，题材上完全褪去仙化的神秘色彩，与现实生活情景紧密结合，体现了浓郁的生活气息。与汉画像石以线刻和浅浮雕为主要手段，采用写意手法表现各类事物形象完全不同，宋代雕塑在高

---

① 张勋燎、白彬：《中国道教考古》，转引自霍巍《泸州宋墓的时代风格》，《泸州市博物馆藏宋墓石刻精品》，北京：中华书局，2016 年，第 204 页。
② 政协泸县委员会：《泸县宋代石刻》，第 124 页。

超的写实水平上取得很大艺术成就。它的雕刻，一改汉之庄严、雄伟气魄，变得平易、典雅、亲和，既追求形式美感，又注重内容的准确表达，在造型上注重高度写实和细部刻画，生动而富有情趣的具象造型，人物、植物、动物大小比例准确，图 5-14 中的人物衣饰处理细腻，形象逼真，完全体现人体结构，神情气质表现精细入微。

图 5-14　合江宋墓石刻的花卉、人物

　　第三，在构图上，汉画像石有连续性、故事性特征，如连环画；宋代雕塑则独立成图，强调写实和逼真，世俗性和装饰性更为强烈。

　　中国古代雕塑和绘画本是一对同胞兄弟，孕育于原始工艺美术。从彩陶时代起，就塑绘相互补充，紧密结合。二者各自发展成熟后，仍塑形绘质，即在雕塑上加彩（装金）。这种塑上加彩的传统宋代仍然存在，甚至时至今天，虽然西方雕塑的审美观已占学院艺术绝对支配地位，但民间雕塑塑上加彩的传统依稀尚存。考古工作者在泸州地区宋墓石刻的表面，曾发现残留有红白两种彩绘颜料，当是雕刻之后又用彩绘的方式加了描摹。考古发掘者认为"它借用了壁画手法，使浮雕石刻的表现力更加丰富"①。塑绘不分，使得中国古代雕塑线刻和平面性浮雕——画刻高度结合的造型方法特别发达与持

---

　　① 霍巍：《泸州宋墓的时代风格》，《泸州市博物馆藏宋墓石刻精品》，北京：中华书局，2016 年，第 205 页。

久，导致雕塑与绘画的创作和审美具有一致性，使中国古代雕塑具有明显的绘画性，其绘画性表现为并不特别注意雕塑的体积、空间和块面，而是注意轮廓线与身体衣纹线条的节奏和韵律，发育出中国雕塑与绘画的共同品格——不求肖似（高度写实地再现自然），注重"以形写神"，形成了高度的意象性特点。这些特点在汉画像石上体现得尤为突出。

合江汉代画像石棺雕刻的图像，具有鲜明的绘画性特征，我们去欣赏它，需具备欣赏中国画的审美眼光，才能把握审美要点。

合江汉代画像石棺的画面，很少有单个出现的物象，很多画面都具有群体性的、连续性的、体现一种故事发展的特征。比如表现事亲尽孝的故事：

图 5-15　合江画像汉棺的董永侍父图

图 5-15 画面左端刻一枝叶茂盛的大树,树枝上挂有盛水的陶壶,树下一辘车（独轮车），一位老者手扶鸠杖坐在杠上休息。图的正中一人手持锄头，站立于田间，图的右部刻一蓬马车奔驰向前。类似图画，在山东嘉祥祠画像石、四川渠县沈府君阙阙楼画像石、蒲家湾无铭阙楼部画像石、山东泰安大汶石画像石第二石、四川乐山柿子湾 1 区 1 号崖墓画像石均可见，其标志性图像为辘车、老者、青年农夫，表现董永少时失母，为人佣耕，常将年迈的父亲用独轮车推到田间观看劳作，耕余为其父送食物饮水的故事。[①]

即使是表现神灵四象的画面，合江汉棺画像石同样具有故事性。

① 《合江汉代画像石棺》编委会：《合江汉代画像石棺》，北京：中国戏剧出版社，2010 年，第 69 页。

图 5-16　合江画像汉棺的龙虎图

图 5-16 上图，龙昂头，张口含玉璧，曲颈直身往后向上，虎竖耳，咧齿张口含玉璧，曲颈直身修长。龙虎均二前肢呈前伸爪抓玉璧绶带。下图，一虎做将起跃状，旁边五人姿态各异地站立观看。二图均具有丰富的情节性，观者可根据基本情节展开想象。在技法上，合江汉石棺采用线刻的方式，增强表现力。线刻是绘画与雕塑的结合，它以线代笔，有一些微妙的起伏。中国画强调线条的传统，可从汉画像石的画面上看到。中国画平列式和上远下近散点透视的构图模式，也可以从汉画像石发现其滥觞。

与宋代瓦肆、勾栏普遍出现相联系，宋代各种艺术门类都有走向世俗的趋势，宋代雕塑写实之风强烈。与汉代石棺局促于五面（前后挡、左右两侧和棺盖）不同，宋代墓葬石刻的工匠们是在完整的墓室中展开自己的创作，他们可以根据墓室的不同部位创作出体现不同寓意的作品，这是汉宋工匠们进行创作的一个重要区别。

泸州宋墓的营造采用了大量模仿生人居住的手法，其共同的特点是在长方形的墓室内部石砌仿木结构的建筑。将墓葬开凿在岩层之内，然后用经过精心雕刻的条石和石板切成墓道、墓门和墓室。墓门两侧的门柱内雕刻守门的武士。门上方有整块石板雕成的门楣，扣压在门柱之上。墓室顶部安置有纵向和横向的屋梁，梁上雕刻仿木结构的斗拱，墓顶的前部和后部往往砌成方形、三角形的藻井，叠压向上升起，藻井的上方砌成人字形屋面，在建筑结构上一如生人居室。墓室之内，更是按照生人居室加以布置，在左右两个侧壁上设壁龛，墓室后壁设后龛，各龛之内都雕刻出仿木结构建筑的门额和门扉，装饰有花卉、鸟兽、人物等各种图案和纹饰。①合江发现的宋墓，其格局大体与泸州其他地区的宋墓差不多（参见第二章有关内容）。

图 5-17　泸州宋墓墓室内景（左为龙马潭生基湾，右为合江榕右乡永安村）

较大的墓室空间，为宋代工匠把汉代相应集中的主题分散分布提供了条件，也为相对细致的细部刻画准备了条件。

宋墓石刻的装饰性，特别突出地表现在武士、花卉、龙虎等图像上。

图 5-18　合江宋墓石刻的武士像

---

① 参见四川省文物考古研究所、成都市文物考古研究所、泸州市博物馆、泸县文管所：《泸县宋墓》。

图 5-18 中武士的眼和嘴都进行了图案化的处理，身上的铠甲、衣带经过装饰化变形的夸张造型处理，带有浓厚的装饰趣味，这使得武士具有非人间的神秘感，使其比现实的武士更勇猛、更威风、更具有气魄。特别是头部，具有一种完美性，讲究气势，临摹者很难临摹到那种境界。

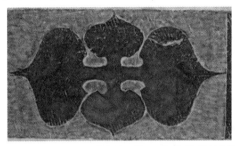

图 5-19　合江汉墓、宋墓的石刻花卉（左为汉，右为宋）

汉棺的花卉，抽象变形。宋墓石刻花卉强调观赏，高度追求写实，大多以现实中的花卉原型高度再现，鲜有抽象、凝练、变形的表现手法，具有强烈的质感。这与宋代画家讲求对绘画客体细致入微的观察和高度形似逼真的表现一脉相承。宋代写实的工致画风盛行，"以不仿前人，而物之情态形色俱若自然，笔韵高简为工"。既要求状物绘形的写实技巧，又要求立意构思，影响之所致，乡野工匠也致力于写实与立意。因此宋代雕塑同样具有中国传统雕塑的意象性，虽然与汉相比，写实性明显提高，但远观一枝一叶，仍然十分注重写意，强调意境，整个画面简洁明快，以少胜多，耐人寻味，给人以一种运斤成风、一气呵成的艺术享受。

龙虎是汉宋墓葬中共同的主题。但比较两个时代的龙虎，可以感受到明显区别。

图 5-20　合江宋墓出土的龙

　　中国艺术向来讲究气韵生动，强调神、气统一。所谓神，既是表现对象的内在精神本质，又指作品所达到的境界；气韵则是作品传达出的精神状态，就是作品具有的意境或情态。气韵是艺术作品的灵魂，雕塑由于其物质实体的形态特征和材料的静态性质，使其外部造型必须凝练和单纯，更强调情态、体态、动态的瞬间，在把握瞬间之神中，向观者传递作者主客观交融状态之神。浅浮雕由于压缩大，起伏小，在保持平面性的同时，又具有一定的体量感和起伏感，被工匠们喜用。图5-20以浅浮雕技法雕刻出一条腾飞的龙。龙头扁长，长有鹿形角，眼圆睁，颏下有髯，颈后有鬣，鬣呈一束向后飘洒。龙身修长，腹部突出，全面布满鳞片，背鳍排列紧密，龙尾为蛇形尾，向后自由卷曲，四腿往前后伸展，前左腿其爪紧握一灵枝，其余三腿踏于祥云上。与宋墓石刻其他类型的图像一样，龙同样具有强烈的装饰性，工匠同样致力于细部刻画，其着力营造的不再是汉代仙化飞升的意境，而是人间祥和的生活之美。

　　正是有了世俗化的生活追求，合江宋墓石刻才有了题材世俗化、形象生活化、心理人情化、手法逼真化的鲜明特点，形成了表现宋代世俗普通人家生活的画卷。民间工匠们朴素的追求和表现手法，是一个民族创造性、活力的原始内驱力。今天我们研究宋墓石刻，不是要复原当年的生活，而是要追寻民间艺术的表现性和历史发展的线索，从而获得历史的认同感和自豪感。

参考文献

［1］ 刘复生. 入蜀僚人的民俗特征与语言遗存——"獠人入蜀"再研究[J]. 中国史研究，2000（2）.

［2］ 周蜀蓉. 析"僚人入蜀"的影响[J]. 西南师范大学学报（人文社会科学版），2004（1）.

［3］ 翁家烈. 简论巴蜀僚人[J]. 贵州民族研究，2008（4）.

［4］ 张邦炜，贾大泉. 宋代四川经济发展的不平衡性[J]. 西南师范大学学报（人文社会科学版），1989（2）.

［5］ 竺可桢. 中国近五千年来气候变迁的初步研究[J]. 考古学报，1972（1）.

［6］ 黄义军. 湖北宋墓分布的地域差异及其产生的原因[J]. 江汉考古，2008（3）.

［7］ 金连玉. 南宋北方移民墓葬初探——以墓葬形制为中心[J]. 四川文物，2015（2）.

［8］ 钱伟. "荔枝"释名[J]. 咬文嚼字，2015（10）.

［9］ 霍巍. 泸州宋墓的时代风格[M]//泸州市博物馆藏宋墓石刻精品. 北京：中华书局，2016.

［10］ 刘复生. 西南史地与民族[M]. 成都：巴蜀书社，2011.

［11］ 邓广铭，等. 宋史[M]. 北京：中国大百科全书出版社，2011.

［12］ 翁独健. 中国民族关系史纲要[M]. 北京：中国社会科学出版社，2005.

［13］ ［元］脱脱，等. 宋史[M]. 北京：中华书局，1977.

［14］ ［明］宋濂，等. 元史[M]. 长沙：岳麓书社，1998.

［15］ 合江县志：乾隆版[M]. 合江县地方志办公室，点校. 川合内

新〔2014〕8号.

[16] 合江县志：民国版[M]．合江县地方志办公室，点校．四川墨池印务，2012.

[17] 合江汉代画像史馆编委会．合江汉代画像石棺[M]．北京：中国戏剧出版社，2010.

[18] [北齐]魏收．魏书[M]．北京：中华书局，1974.

[19] [春秋]左丘明．左传[M]．长沙：岳麓书社，1991.

[20] 吕思勉．中国史[M]．北京：中国华侨出版社，2010.

[21] [晋]常璩．华阳国志[M]．唐春生，何利华，黄博，等，译．重庆：重庆出版社，2008.

[22] 刘琳．华阳国志校注[M]．成都：巴蜀书社，1984.

[23] 任乃强．华阳国志校补图注[M]．上海：上海古籍出版社，1987.

[24] [西汉]司马迁．史记[M]．长沙：岳麓书社，1988.

[25] [东汉]班固．汉书[M]．北京：中华书局，2008.

[26] 贾雪枫．石棺密码——合江画像石棺研究[M]．成都：四川大学出版社，2014.

[27] [宋]陆游．老学庵笔记[M]．北京：中华书局，1979.

[28] [宋]范成大．吴船录[M]．北京：中华书局，2002.

[29] [北魏]郦道元．水经注[M]．长沙：岳麓书社，1995.

[30] [唐]李吉甫．元和郡县图志[M]．北京：中华书局，1983.

[31] [宋]欧阳修，等．新唐书[M]．北京：中华书局，1975.

[32] [后晋]刘昫，等．旧唐书[M]．北京：中华书局，1975.

[33] [宋]祝穆．方舆胜览[M]．北京：中华书局，2003.

[34] 吕思勉．中国通史[M]．武汉：长江文艺出版社，2012.

[35] 四川省文物考古研究所，成都市文物考古研究所，泸州市博物馆，等．泸县宋墓[M]．北京：文物出版社，2004.

[36] [宋]耐得翁．都城纪胜[M]．北京：中国商业出版社，1982.

[37] 泸州市博物馆．泸州市博物馆藏宋墓石刻精品[M]．北京：中华书局，2016.

[38] 政协泸县委员会．泸县宋代石刻[M]．泸县新内出〔2015〕字

第 0059 号.

[39]　袁杰英. 中国历代服饰史[M]. 北京：高等教育出版社，2006.

[40]　[宋]曾公亮，等. 武经总要[M]//中国兵书集成. 北京：解放军出版社，1994.

[41]　张春新. 南宋川南墓葬石刻艺术[M]. 重庆：重庆大学出版社，2011.

[42]　合江文物画册编委会. 合江文物画册[M]. 川合内新〔2013〕11 号.

[43]　[宋]孟元老. 东京梦华录[M]. 北京：中国商业出版社，1982.

[44]　周礼：仪礼：礼记[M]. 长沙：岳麓书社，1995.

[45]　[宋]吴自牧. 梦粱录[M]. 北京：中国商业出版社，1982.

[46]　[宋]罗大经. 鹤林玉露[M]. 北京：中华书局，1983.

[47]　严耕望. 唐代交通图考：第四卷[M]//台湾"中研院"历史语言研究所专刊之八十三. 1986.

[48]　肖大齐. 合江荔枝[M]. 长春：时代文艺出版社，2012.

[49]　[宋]李诫. 营造法式[M]. 文渊阁四库全书.

[50]　[宋]朱熹. 四书章句集注[M]. 上海：上海书店，1987.

[51]　道教三经合璧[M]. 杭州：浙江古籍出版社，1991.

[52]　吕氏春秋：淮南子[M]. 长沙：岳麓书社，1989.

[53]　[宋]司马光. 书仪[M]. 文渊阁四库全书.

[54]　[宋]周密. 武林旧事[M]. 杭州：西湖书社，1981.

后　记

　　合江县是一个千年古县，最早称"符县"。春秋战国以降，其地入巴，公元前 316 年，秦灭巴蜀，相继建置巴郡、蜀郡、汉中郡，分其地为四十一县。合江属巴郡管辖，其地是否属于这四十一县，史无明载。任乃强先生曾指出："古巴国通夜郎商道，从安乐水（赤水河）入，……转夜郎与滇……故巴王设关于此，以稽商贾，税货物，验符而后放行，称'巴符关'。"[①]所以"符关"之得名甚早。秦末，刘邦、项羽等相约先入关中者王关中，刘邦先入关中，但项羽背约，自立为西楚霸王，封刘邦为汉王，"王巴、蜀、汉中四十一县"，其中，汉中郡十二县，巴、蜀二郡共二十九县。但是这四十一县仅有十九县的县名在《史记》中流传下来，尚有二十一县名缺失，合江是否在秦时即为"符"县不得而知，不过自汉武帝元鼎二年合江即为建置县是有确凿记载的。

　　元鼎二年即公元前 115 年，自此年至 2017 年，合江为县已 2 132 年，是名副其实的千年古县。千年古县必然有深厚的文化遗存。历史沧桑，世事变迁，今人不见古时月，逝者已矣，古人的活动我们不曾参加，他们的生活状况我们不曾经历。但是今月曾经照古人，合江这块美丽的土地上，今月曾照见古人的活动，古人为我们留下了丰富的宝

---

① 任乃强：《华阳国志校补图注》，上海：上海古籍出版社，1987 年，第 183 页。

藏，寻找这些宝藏就可以看到古人曾经的生活，了解今天是怎样从昨天演变而来，展望今天又将怎样向明天发展。汉代画像石棺和宋代墓葬石刻是这些宝藏中的杰出代表，它们在以无声的方式向后人述说着曾经的辉煌。

笔者是一个历史教育工作者，历史教学研究的同时，对地方史志、文物碑刻颇为留心。2012 年至 2014 年着手研究合江汉代画像石棺，描摹画像，广阅文献，穷搜他人研究成果，终成《石棺密码——合江汉代画像石棺研究》一册。2016 年与合江县汉代画像石棺博物馆馆长唐绍春同志相识，言谈之中笔者了解到博物馆作为省级历史文化普及基地做了大量的文化普及工作。汉棺的收藏和研究，既有博物馆的保驾，又有专门的资料性著作《合江汉代画像石棺》可资利用。但于合江大地上同样遍及城乡、与当代合江历史发展时间上更加迫近的宋代墓葬石刻，其研究却相对滞后，我们需要加强这方面工作。

念念在兹。我们本着研究和普及文化的心态，以合江县汉代画像石棺博物馆的名义申报了四川省和泸州市社科普及规划项目，获批后即行开展研究。在研究方向上，笔者并非文物专家，也不是美学专门研究者，如着力于文物本身的考证、表现技法的探讨、题材内容的阐释和蕴藏美学价值的发扬等方面的话，则可能造成研究不能深入、颇多揣测之词的后果，终会贻笑大方。因而一仍《石棺密码》的研究思路，还是从自己熟悉的领域——历史研究入手，围绕合江宋墓石刻产生的背景、合江宋墓的分布和形制、合江宋墓石刻的特征和内容、宋墓石刻反映的宋代合江社会状况展开研究，最后对汉画像石棺和宋墓石刻所承载的时代文化特征进行比较。这么一研究，我们发现原先印象中模糊的汉宋时代，不仅变得清晰可见，而且时代特征鲜明，正如笔者在研究中所概括的"汉尚动，宋尚静；汉奔放，宋内敛；汉追求宏阔气势，有一种磅礴的浩然之气，宋体现方寸天地，有一种淡雅的书卷之气"。中国古代审美强调"风韵"，风者，激扬流动的气象，韵者，和谐而有节奏的情趣，汉风宋韵确乎很准确地概括了两个时代的精神。合江虽僻处川南一隅，其出土的宋墓石刻，与周边地区同类石刻一起，向我们述说着宋代人们雅致的生活——闲适而绵延。闲适曰悠，绵延曰扬，由此，笔者将本书初定名为《宋韵悠扬——合江宋墓石刻研究》。书稿提交出版社后，专家认为这个书名的文艺味浓而研究味不足，建议另取。经出版社专家的斟酌，书名定为《石刻遗韵——合江宋墓石刻研究》。

研究离不开文献。现代信息技术的发展和互联网的普及，为研究提供了极大便利。本书中许多资料来源于互联网，凡搜索于互联网的资料，笔者不敢掠美，一一注明出处，感谢那些未曾谋面的作者。研究面对的是数百年前的人和事，需阅读大量的古籍文献和前人研究成果，笔者身处一个地级市，缺乏相应的文献储备，幸赖认识易青女士，她是文献学专业研究生，专业又优秀，为人又极热忱，笔者在查阅文献遇到问题时，不得已在夜深人静之时"扰民"，求救于易青，她不嫌我讨厌、烦人，总是很及时地予以解决。书成，笔者怀着极其感谢之心告知于她！

研究顺利进行，得益于合江汉代画像石棺博物馆的鼎力支持。唐绍春同志不仅为研究提供了合江宋墓石刻图片资料、考释解说词，而且他对合江县、泸县宋墓石刻异同的见解，也给予笔者启发。书稿完成后，笔者将打印稿交给唐绍春同志，由他委托合江县著名文史专家吴鹏权先生进行校读。吴先生不愧文史专家，对书稿中的错讹、句读、数据等，均提出了修正意见，笔者据此进行了修订。

合江县委宣传部、合江县社会科学联合会均对本书的问世给予了极大关注，相信在各级领导部门的关心下，合江的文化建设会取得更大成绩。

最后，要感谢西南交通大学出版社。他们不仅以理工科图书出版成果斐然，而且倾心倾力于文史著作的出版，他们策划的图书多次入选国家出版基金项目，他们不仅有超强的实力，更有前瞻性的视野。

出于研究需要，本书采用了部分网络上的图片，在此致以最诚挚的谢意，如有异议，请与作者本人联系。

贾雪枫

2018 年 3 月